新形态"互联网+"电子商务类精品系列教材

旅游电子商务

谢宗运　曹莉丽　熊　硕　主　编
丁峒月　符钰杰　张鑫雨　副主编

电子工业出版社
Publishing House of Electronics Industry
北京·BEIJING

内 容 简 介

本书深入贯彻教育部关于加强与改进教材建设的系列意见与措施要求，在内容设计上，突破传统学科体系与知识本位的限制，以行业标准、职业标准、教学标准为指导，依据旅游电子商务企业岗位规范与任职要求，提炼旅游电子商务的主要工作任务。本书共设计 5 个项目，内容包括旅游电子商务认知、旅游电子商务平台选择、旅游电子商务网站建设、游你创在线旅游平台模拟实操和旅游电子商务推广。

每个任务基本按照"任务描述—学习目标—案例导入—理论知识—任务训练—课外拓展"的流程进行编排，便于学生明确学习目标，掌握学习内容，提升学习效率。同时，本书还注重培养学生的实践能力和创新思维，通过模拟实操和案例分析等方式，让学生在实践中学习和成长，为未来的职业发展打下坚实的基础。

本书可作为高等职业院校、高等专科院校、成人高校、普通高等院校等旅游管理、导游、酒店管理与数字化运营、智慧景区开发与管理等相关专业学生教材，也可供中等职业技术学校学生及旅游行业、企业从业人员培训、学习或参考使用。

未经许可，不得以任何方式复制或抄袭本书之部分或全部内容。
版权所有，侵权必究。

图书在版编目（CIP）数据

旅游电子商务 / 谢宗运，曹莉丽，熊硕主编.
北京 : 电子工业出版社, 2025. 6. -- ISBN 978-7-121-50640-6
Ⅰ. F590.6-39
中国国家版本馆 CIP 数据核字第 2025Y10Z90 号

责任编辑：贾瑞敏
印　　刷：中煤（北京）印务有限公司
装　　订：中煤（北京）印务有限公司
出版发行：电子工业出版社
　　　　　北京市海淀区万寿路 173 信箱　邮编：100036
开　　本：787×1 092　1/16　印张：9.25　字数：236.8 千字
版　　次：2025 年 6 月第 1 版
印　　次：2025 年 6 月第 1 次印刷
定　　价：45.00 元

凡所购买电子工业出版社图书有缺损问题，请向购买书店调换。若书店售缺，请与本社发行部联系，联系及邮购电话：（010）88254888，88258888。
质量投诉请发邮件至 zlts@phei.com.cn，盗版侵权举报请发邮件至 dbqq@phei.com.cn。
本书咨询联系方式：（010）88254019，jrm@phei.com.cn。

前言 PREFACE

在数字化时代，互联网技术的飞速发展深刻地改变了人们的生活方式和消费习惯。旅游行业作为与人们生活息息相关的服务行业，也迎来了前所未有的变革。旅游电子商务的兴起，不仅为游客提供了更加便捷、个性化的旅游体验，也为旅游企业带来了新的发展机遇和挑战。本书编写的初衷是为高等职业院校、高等专科院校、成人高校、普通高等院校等旅游管理、导游、酒店管理与数字化运营、智慧景区开发与管理等相关专业学生提供一本系统、全面且实用的教材。在编写过程中，编者充分考虑了旅游电子商务领域的最新发展动态，力求使本书的内容既具有理论深度，又具有实践价值。我们希望本书能够成为学生学习旅游电子商务的良师益友，帮助他们更好地理解和掌握这一领域的知识。在内容安排上，本书既注重基础知识的讲解，又强调实际应用能力的培养，还配有丰富的案例和实践操作指导，帮助读者更好地理解和应用所学知识。同时，本书结合最新的行业动态等内容，使学生能够紧跟行业前沿。

本书由校企合作开发，编写团队收集大量的真实案例素材，结合旅游电子商务的市场需求与发展趋势，对传统旅游电子商务教学内容进行重构，以模拟实训为基础，增强学生的实践能力。本书的主要特点如下：

一、贯穿思政主线，助力旅游电子商务人才培养

在编写过程中，深入挖掘旅游电子商务领域的思政元素，将思政元素有机融入本书内容之中。通过"案例导入""任务训练"等多种形式，引导学生思考旅游电子商务行业的社会责任、职业道德等方面的问题，培养他们的社会责任感和职业操守。

二、紧扣项目需求，深化教学内容

在内容的编排上，紧密围绕旅游电子商务行业的实际项目需求，对教学内容进行了深度挖掘和整合。通过引入真实的案例，让学生在模拟实训中深入理解和掌握旅游电子商务的核心知识和技能，从而增强他们的实践能力和就业竞争力。

三、坚持工学结合，聚焦岗位核心技能

本书紧跟旅游电子商务行业的发展趋势，每个项目都由若干任务组成，各任务基本按照"任务描述—学习目标—案例导入—理论知识—任务训练—课外拓展"的流程进行编写。本书坚持理实一体、工学结合，让学生"在做中学，在学中做"，帮助学生快速、熟练掌握旅游电子商务的核心技能，增强学生的岗位适应能力。

四、强化产教融合，构建智能化教学环境

本书的知识体系符合职业院校学生的认知特点。本书搭配教学 PPT 等教学资源。结合教育信息化与职业教育改革的新要求，学校和企业合作开发了与本书相匹配的游你创在线旅游平台，满足智慧化教学需要，助力教学改革与创新发展。

本书由浙江横店影视职业学院谢宗运、曹莉丽和湖南工程职业技术学院熊硕担任主编，由湖南工程职业技术学院丁峒月、中山大学博士符钰杰、浙江横店影视职业学院张鑫雨担任副主编，由谢宗运统稿。其中，各项目任务具体分工：项目一的任务一和任务三由张鑫雨撰写，项目一的任务二由符钰杰撰写，项目二的任务一和任务二由丁峒月撰写，项目二的任务三由熊硕撰写，项目三由曹莉丽撰写，项目四的任务一、任务三和任务四由熊硕撰写，项目四的任务二和任务五由曹莉丽撰写，项目五由谢宗运撰写。本书大部分案例由嵊泗县文化和广电旅游体育局施梦、鹿邑县老子文化旅游投资发展有限公司赵益浩、横店影视城有限公司李建杰和开封市万岁山浏览区有限公司王雪莹收集。同时，鹿邑县文化和广电旅游局及曲阜市三孔文化旅游服务有限责任公司也提供了宝贵的支持，在此一并表示诚挚的感谢。

在本书的编撰过程中，编者广泛搜集、审阅了众多文献资料及网络资源，并进行了实地调研，借鉴了诸多案例。对此，向所有贡献文献的作者及单位致以最诚挚的谢意。

本书尚存诸多待完善之处，敬请各位同人不吝赐教，对本书提出宝贵的意见和建议。

谢宗运

CONTENTS

项目一　旅游电子商务认知 ·· 001
　　任务一　了解旅游电子商务 ·· 001
　　任务二　认识旅游电子商务模式 ······································ 006
　　任务三　认识旅游电子商务岗位 ······································ 017
　　项目自测 ·· 025

项目二　旅游电子商务平台选择 ·· 026
　　任务一　认识旅游电子商务平台 ······································ 026
　　任务二　旅游电子商务平台类型 ······································ 031
　　任务三　选择和加盟旅游电子商务平台 ································ 038
　　项目自测 ·· 045

项目三　旅游电子商务网站建设 ·· 046
　　任务一　认识旅游电子商务网站 ······································ 046
　　任务二　旅游电子商务网站建设规划 ·································· 052
　　任务三　旅游电子商务网站建设实训 ·································· 065
　　项目自测 ·· 073

项目四　游你创在线旅游平台模拟实操 ···································· 075
　　任务一　认识游你创在线旅游平台 ···································· 075
　　任务二　旅行社电子商务 ·· 082
　　任务三　酒店电子商务 ·· 093
　　任务四　景区电子商务 ·· 103
　　任务五　游你创在线旅游平台会员管理 ································ 109
　　项目自测 ·· 114

项目五　旅游电子商务推广 ·· 115
　　任务一　认识旅游电子商务推广 ······································ 115
　　任务二　旅游电子商务推广方式 ······································ 121
　　任务三　旅游电子商务推广方案 ······································ 132
　　项目自测 ·· 142

项目一

旅游电子商务认知

项目知识思维导图

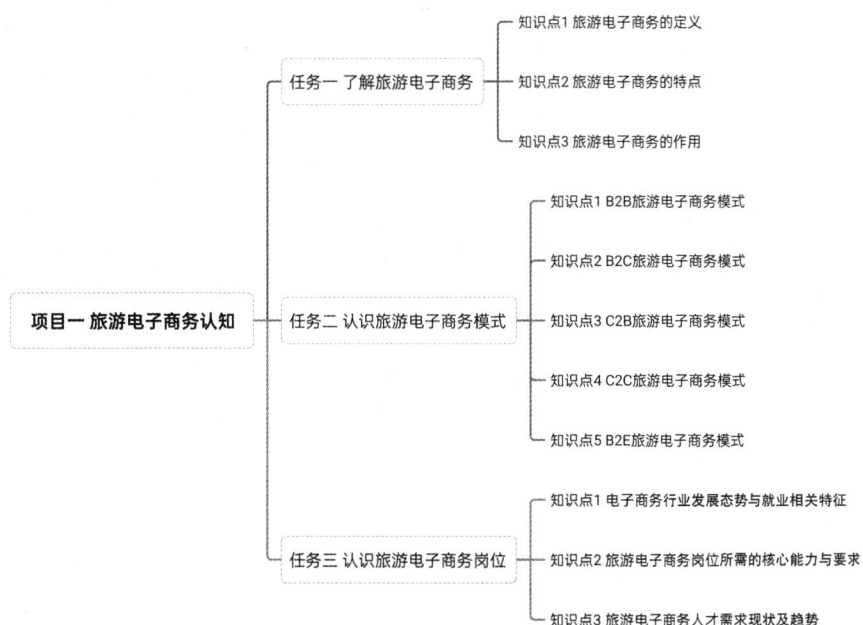

任务一　了解旅游电子商务

任务描述

理解并用自己的语言描述旅游电子商务的概念；明晰旅游电子商务的特点和作用。

学习目标

知识目标	能力目标	素养目标
1. 了解旅游电子商务的定义； 2. 理解旅游电子商务的特点； 3. 掌握旅游电子商务的作用	1. 能够评估不同旅游电子商务平台的优缺点，并做出合理的选择； 2. 能够在国际旅游电子商务环境中进行有效沟通和交流	1. 培养良好的职业道德和责任感，理解旅游电子商务对旅游业的重要性； 2. 培养终身学习的态度，不断更新旅游电子商务相关知识

一、案例导入

广西武宣：电子商务与旅游融合，双轮驱动乡村振兴新策略

广西武宣县以创建电子商务进农村综合示范县建设为契机，以打造国家全域旅游示范区为统揽，根据县域特色产业积极探索"电子商务+旅游"融合发展新路径，建立集农产品生产、加工、休闲观光、特色产品销售为一体的产业链，打造以农带旅、以旅促农、文旅结合的农旅文电子商务融合发展模式，走出一条集经济效益、生态效益、社会效益于一体的乡村振兴之路。

武宣县打造战略性顶层设计，整合旅游电子商务的协同效应，具体举措如下。

一是利用区位特征。武宣县，以其得天独厚的区位条件，坐落于广西中部，北回归线之上，东邻桂平，南接贵港，西靠来宾，北依柳州。作为泛珠三角与泛北部湾经济圈的交会点，武宣县不仅是广西推进"亿吨西江黄金水道"建设的枢纽，也是大西南地区通往海洋的重要通道。

二是加强战略规划。以电子商务与文化旅游的深度融合为核心，完善电子商务与文化旅游融合的发展计划，积极促进电子商务与文化旅游业的紧密结合，推动农产品的线上销售和品牌建设，打造一个市场共拓、资源共享、产业协同优化升级的旅游产业新格局。

三是加强公共服务体系的构建。在博林时代广场的二、三层，打造了一个约4800平方米的县级电子商务公共服务中心，配备了O2O展销中心、电子商务运营中心、众创空间、大数据中心和培训中心等多功能区域，构建了一个集成电子商务、物流和农产品溯源的综合服务平台。

（资料来源：根据网络资料整理）

思考：什么是旅游电子商务？

二、理论知识

知识点 1 旅游电子商务的定义

至今，国际上尚未就旅游电子商务达成一个普遍认可的定义。

一个被广泛认可的定义是由世界旅游组织在其出版物 *E-Business for Tourism* 中提出的，"旅游电子商务就是通过先进的信息技术手段改进旅游机构内部和对外的连通性（Connectivity），即改进旅游企业之间、旅游企业与供应商之间、旅游企业与旅游者之间的交流与交易，改进企业内部流程，增进知识共享。"

在综合了众多专家的观点后，本书对旅游电子商务进行了如下定义：旅游电子商务指的是旅游企业利用互联网开展的商务活动，涵盖选择在线商务平台、发布信息、推广产品等多个环节。

总体而言，旅游电子商务代表了电子商务在旅游行业的具体应用，它涵盖了两个关键方面的内容。

1. 以旅游业务为核心

在传统旅游业务中，各类旅游公司通过发布旅游产品信息来吸引顾客并销售产品，从

而实现盈利。在电子商务时代,这一模式并未改变,但销售渠道已经转变为网络平台。无论是企业还是个人,现在都能够利用互联网发布旅游产品,以此提升销量。

2. 以网络技术为支撑

在电子商务时代,一个显著的特征是运用尖端的计算机网络技术进行企业管理、产品销售、客户服务及提供技术支持等活动。对于旅游业而言,互联网已经成为旅游企业向外推广产品信息的关键渠道。旅游企业管理信息系统在旅行社、酒店和景区管理等多个领域得到了广泛应用。

知识点 2　旅游电子商务的特点

1. 交易虚拟化

依托互联网构建一个数字化的虚拟市场,所有商务活动都在这里以数字形式完成。旅游电子商务的泛在性意味着它不受物理空间的限制,允许消费者在任何地点、任何时间通过移动设备轻松购买旅游产品。这种虚拟市场打破了传统市场的界限,实现了时空的自由。通过互联网进行的贸易,从磋商、合同签订到支付等环节,都无需面对面接触,而是通过在线网络完成,实现了交易的全面虚拟化。在这个过程中,产品价格和成本变得更加透明,消费者能够轻松比较不同价格,同时识别产品的实际成本。整个交易流程,包括洽谈、签约、支付和交货通知,都在网络上进行,确保了信息传输的速度和流畅性。

2. 服务个性化

电子商务技术的应用为企业实现个性化和定制化服务提供了可能。企业可以依据用户的个人信息、兴趣偏好和购买历史,提供定制化的营销信息。电子商务技术还支持根据用户的偏好和行为来调整产品与服务。电子商务的互动性让企业能够在用户购买过程中收集大量信息。随着信息量的增加,商家能够更有效地存储和利用用户的购买历史和行为数据。这些技术的发展极大地提升了个性化和定制化服务的水平。现代消费者对个性化旅游的需求日益增长,他们更倾向于根据自己的特殊兴趣和需求来选择旅游服务。旅游电子商务平台能够根据每位旅游者的具体需求,通过网络平台提供一对一的旅游方案定制。目前,专业的旅游电子商务网站正在快速发展,它们提供丰富的旅游咨询,支持在线预订,并拥有专门的交流社区,成为互联网时代旅游代理的新选择。

3. 全面系统化

旅游电子商务实现了从游前准备、游中体验到游后反馈的全周期服务,覆盖了旅游的各个区域和要素,实现了服务、管理、交易和营销的有机融合,使得整个流程更加协调和系统化。旅游产品本身是一个由多个组成部分构成的复杂实体。通过电子商务平台,旅游供应商、中介、消费者和产品得以整合,形成一个统一的服务体系。景区、旅行社、酒店及其他旅游相关行业可以通过同一个网站吸引更多的游客。旅游电子商务通过集中原本分散的市场利润点,提升了资源的利用效率,扩大了旅游市场的规模。

4. 过程高效化

过程高效化的核心是交易及服务流程的效率提升,主要体现在以下几个方面。

(1)用户操作流程简化:消费者可通过线上平台快速完成查询、比价、预订、支付、订单确认等全流程操作,无需线下奔波或烦琐沟通,大幅缩短从决策到完成交易的时间(例如:线上预订酒店可在 5 分钟内完成,而线下可能需要 1 小时以上)。

（2）企业运营自动化：借助系统自动化处理订单（如自动匹配库存、生成电子凭证）、同步信息（如实时更新订单状态至用户和服务方）、进行数据分析（如快速统计销量或用户偏好），减少人工干预带来的延迟和误差，提升服务响应速度（例如：用户下单后10秒内收到确认信息，而非传统人工审核的几小时）。

（3）信息传递即时性：供需双方通过线上平台实现实时信息交互，消费者可即时获取产品详情、价格变动、库存状态等信息，企业也能快速接收用户需求或反馈，避免信息不对称导致的效率损耗（例如：实时查询航班动态并调整行程，无需等待人工客服回复）。

知识点3　旅游电子商务的作用

1. 削减旅游企业的运营开支

利用互联网平台，旅游企业能够实现信息交流和商务谈判的线上化，有效减少通信和差旅支出。同时，企业能够以较低成本进行广告宣传，例如通过贴吧、微信、微博等社交媒体免费投放广告，这样不仅能降低营销成本，还能触及更广泛的潜在客户群体，实现更优的广告效益。

2. 扩展旅游企业的市场推广途径

借助旅游电子商务平台，旅游企业能够在网络上展示其产品及服务信息，并与客户进行在线沟通和交易，从而有效拓宽营销渠道。此外，通过电子邮件和手机短信等数字营销手段，企业能够更精准地将旅游产品和优惠活动信息推送给目标客户群体，吸引更多潜在客户的兴趣和参与。

3. 增强旅游企业的运营效能

电子商务技术的应用使旅游企业能够实现信息资源的内部共享，这样企业在产品推广、交易处理、售后服务及客户关系管理等关键环节能够更加迅速和高效地运作。例如，在客户服务方面，客服人员可以即时访问客户的详细资料，从而提升解决问题的效率和质量。这种信息化管理方式有助于提升整体业务流程的流畅性，提升企业的市场响应速度和客户满意度。

三、任务训练

实训　说说"旅游电子商务"

【实训目的】

了解旅游电子商务的含义，能够准确地用自己的语言进行表述；深刻认识旅游电子商务在旅游业发展中的意义。

【实训步骤】

（1）每组由4~6人组成，整个班级被划分为多个小组；

（2）以小组为单位，每人用自己的语言简明扼要地讲解何为旅游电子商务；

（3）以团队为基础，每位成员都分享1~2点关于旅游电子商务在旅游业增长中所起的关键作用的见解；

（4）各组选派代表登台交流。

【实训要求】

在实训步骤（2）中，要求语句内容完整、表达清晰；在实训步骤（3）中，要求结合当今旅游业发展趋势来阐述旅游电子商务对旅游业发展的意义；小组代表总结发言时，应对小组活动情况做真实且具有较强总结性的概括。

【实训评价】

评价指标	自我评价	小组评价	教师评价
参与度			
准确度			
完整性			
成效性			

四、课外拓展

（一）拓展阅读

旅游电子商务发展历程

1. 萌芽期（20世纪90年代末至2008年）

在中国旅游电子商务的初始阶段，随着互联网逐渐普及，一些早期的在线旅游平台，比如Expedia、Travelocity等，逐渐出现。1996年，中国首次推出了旅游电子商务网站，这些网站主要为用户提供旅游信息和简洁的在线预订选项。在这个阶段，旅游电子商务以旅游信息技术为导向，致力于研究传统服务行业与电子商务的融合方式。

2. 起步期（2009—2014年）

随着互联网技术的进步，旅游电子商务受到越来越多的关注。政府正积极推动旅游公司通过电子商务平台来降低成本并提高效率。与此同时，移动互联网的出现促进了在线旅游的飞速增长。在这个阶段，在线旅游平台（Online Trarel Agency，OTA）逐步崭露头角，成为主导运营模式，携程旅行网和去哪儿等在线平台逐渐受到关注。

3. 上升期（2015—2019年）

随着移动互联网的广泛应用，旅游电子商务步入了一个高速增长的时期。在2015年，随着"互联网+"和智慧旅游的兴起，旅游电子商务平台通过技术革新和资源整合，成功地提供了个性化推荐服务和一站式服务体验。此外，乡村旅游电子商务扶贫等相关政策也促进了旅游电子商务向多元化方向发展。

4. 成熟与创新期（2020年至今）

近年来，旅游电子商务已进入成熟与创新期。大数据、人工智能、虚拟现实等新技术广泛应用，推动了个性化和定制化服务的发展。从政策层面来看，政府也更加关注旅游电子商务在文旅融合和旅游业高质量发展中的作用。

总体来看，旅游电子商务从最初的信息化展示逐步发展为涵盖多种创新模式的综合性平台，成为推动旅游业发展的重要力量。

（二）课后实践

通过网络或实地调研，选择一家知名的旅游电子商务平台，研究其旅游电子商务特点，并分析该平台的发展历程。请收集并分析相关数据，形成一份详细的案例研究报告。

任务二　认识旅游电子商务模式

任务描述

理解并用自己的语言描述各类旅游电子商务模式（B2B、B2C、C2B、C2C、B2E）的特点和差异；收集和分析实际旅游电子商务平台的案例，结合案例阐述不同模式的应用场景、优缺点及未来发展趋势。

学习目标

知识目标	能力目标	素养目标
1. 了解各类旅游电子商务模式的概念和特点； 2. 理解不同模式在旅游业中的应用及其重要性； 3. 掌握各类旅游电子商务模式的优缺点及其适用场景	1. 能够准确阐述各类旅游电子商务模式的核心特点； 2. 能够分析实际案例中的旅游电子商务模式运作及效果； 3. 能够对不同模式的旅游电子商务未来发展趋势做出合理预测	1. 培养创新思维和市场敏锐度，提高适应市场变化的能力； 2. 培养行业责任感和企业社会责任意识

一、案例导入

旅游电子商务的数字化转型与市场适应性

2024 年 5 月 17 日，全国旅游发展大会首次在京召开。随着数字技术的飞速发展，旅游电子商务模式作为旅游业高质量发展的重要抓手，正在经历一场深刻的变革。携程旅行网（简称携程），作为中国在线旅行服务的领军企业，在 2023 年全年净营业收入达到 445 亿元，同比增长 122%。这一显著的业绩增长不仅彰显了旅游电子商务模式的强大生命力，也预示着旅游市场的复苏和增长潜力。

在技术创新的驱动下，携程通过人工智能、大数据等技术优化服务流程，精准把握消费者需求，为用户提供个性化的旅游产品和服务，从而提升用户体验。此外，携程在国际市场的拓展上也取得了显著成效，其国际在线旅游平台已在亚洲、欧洲和美洲的 39 个国家和地区运营，这一全球化布局使得携程能够更早地受益于入出境游的复苏，实现国际业务的快速增长。

2024 年国家接连出台多项政策来刺激消费、扩大内需。旅游作为"促进内需"的重要抓手，其战略性支柱产业地位将更加显著。根据 2024 年第一季度的旅游消费趋势洞察报告，计划在 2024 年出游的受访者比例高达 95.51%，同比增长 3.66 个百分点。这一数据显示了消费者对旅游的强烈需求，以及旅游市场的复苏。报告还指出，年轻群体（23~40岁）在各个出游群体中占比最高，这表明年轻人已成为旅游消费的主力军。

中国旅游研究院发布的《中国国内旅游发展年度报告（2022-2023）》显示，国内旅游市场呈现本地化、近程化的特征，省内旅游客流占国内旅游客流的81.24%。这一趋势要求旅游电子商务模式要不断创新，以更好地服务于本地和周边游市场。同时，该报告还显示，旅游新产品、新业态受到青睐，如户外体育运动、滨水休闲、生态康养等，这些新兴旅游形式为旅游电子商务提供了新的发展机遇。

在数字化时代背景下，旅游电子商务面临着如何适应市场需求变化、创新服务模式、提升用户体验的挑战。同时，也需要考虑如何利用数字技术优化服务流程、提高运营效率，及如何在激烈的市场竞争中保持领先地位。旅游电子商务企业必须紧跟技术发展的步伐，不断探索和实践，以满足消费者日益多样化和个性化的需求。

（资料来源：根据网络资料整理）

思考：未来旅游电子商务可以从哪些方面进行创新以适应市场和技术的演变？

二、理论知识

知识点1　B2B旅游电子商务模式

B2B（Business to Business）旅游电子商务模式是指旅游企业之间通过电子商务平台进行交易的模式。这一模式广泛应用于旅游业，尤其是旅行社、酒店、航空公司等供应商之间的合作与交易。通过B2B旅游电子商务模式，企业能够通过平台实现资源整合、优化运营流程、降低运营成本、提升整体服务效率，从而实现规模经济效应。这种模式不仅有助于提升旅游企业的市场竞争力，还能够通过数据驱动的策略优化市场响应速度和精准度。

B2B旅游电子商务模式的核心特点在于可以通过平台实现企业间的直接交易，从而减少中间环节，提高交易效率。携程作为中国领先的在线旅游平台之一，其通过B2B旅游电子商务平台为供应商提供了统一的预订系统和管理工具，帮助这些企业在激烈的市场竞争中保持竞争力。

深入理解B2B旅游电子商务模式，需要从以下几个方面展开。

1. 资源整合与优化配置

B2B旅游电子商务模式通过整合多个旅游服务供应商的资源，提供了一个统一的交易平台，便于企业间的合作与交易。通过资源整合，旅游企业减少了重复劳动，提高了工作效率。携程的B2B旅游电子商务平台整合了国内外大量供应商的产品和服务，使得它们可以通过统一的平台实现预订和管理，从而大幅提升平台运营效率。资源整合不仅涉及产品的统一管理，还包括后台数据的集中处理和服务标准的统一。这种整合使得供应商之间可以共享资源和数据，避免了信息孤岛的现象。通过平台的技术支持，供应商可以实时查看预订情况、库存信息等，从而及时调整运营策略。这种高效的资源整合提高了供应链的整体反应速度，降低了供应商之间的协调成本，优化了整个交易流程。

2. 规模经济效应的实现

通过集中采购和统一分销，B2B旅游电子商务模式帮助旅游企业实现了规模经济效应，降低了单位成本，提高了利润率。携程通过整合供应商资源，能够以更具竞争力的价格向市场提供旅游产品，从而增强其在市场中的竞争力。这种规模经济效应不仅降低了运营成本，还扩大了市场覆盖率，提高了消费者满意度。实现规模经济效应的关键在于平台能够整合足够多的供应商资源，形成一个庞大的采购和分销网络。通过大规模的集中采购，平台可以获得更优惠的价格，降低采购成本。同时，统一的分销渠道使得供应商能够更广泛地接触潜在客户，扩大市场份额。此外，规模经济效应还体现在平台的技术投入上，通过大规模的数据处理和技术开发，降低了单位技术成本，提高了整体运营效率。

3. 数据驱动的市场策略实施

在 B2B 旅游电子商务模式下，平台通过数据分析提供精准的市场洞察，帮助旅游企业优化其市场策略。例如，携程的 B2B 旅游电子商务平台利用大数据分析技术，帮助供应商了解市场趋势和消费者行为，从而更好地规划产品和服务，提升市场响应速度和精准度。数据驱动的市场策略使供应商能够更好地了解客户需求，制定更精准的市场营销策略。通过对平台上交易数据的分析，供应商可以发现哪些产品更受欢迎，哪些市场潜力更大，从而有针对性地调整产品组合和市场推广策略。此外，数据分析还帮助供应商预测市场需求变化，提前做好资源准备，减少库存积压或资源短缺的风险。

4. 技术升级与市场适应能力的提升

随着旅游市场的快速发展，B2B 旅游电子商务平台必须不断进行技术升级，以应对市场变化和日益复杂的用户需求。携程等平台通过持续的技术投入，不断优化平台性能，提升用户体验，从而保持市场竞争力。技术升级不仅包括预订系统的改进，还涉及人工智能、大数据分析和云计算的应用，这些技术能帮助企业更好地应对市场波动，提供更具个性化的服务。技术升级对 B2B 旅游电子商务模式的长远发展至关重要。随着旅游市场需求的多样化和个性化发展，平台需要不断提升其技术能力，以提供更加灵活和定制化的服务。例如，通过人工智能技术，平台可以自动匹配供应商和客户需求，提高交易成功率。大数据分析技术能帮助平台进行精准的市场定位和客户细分，提高市场推广的效率和效果。此外，云计算技术的应用提升了平台的处理能力和安全性，确保其在网络高峰期能稳定运行。

知识点 2　B2C 旅游电子商务模式

B2C（Business to Consumer）旅游电子商务模式是指企业直接向消费者提供旅游产品和服务的模式。这种模式在旅游业中尤为常见，尤其是在线旅游平台（OTA）如美团、携程、去哪儿等，均通过 B2C 旅游电子商务模式直接面向消费者，提供一站式的旅游预订、酒店、机票、景点门票预订等服务。B2C 旅游电子商务模式的主要特点是旅游企业能够直接接触终端用户，通过给用户提供个性化、便捷化的服务，提升用户的体验度和忠诚度。

在 B2C 旅游电子商务模式中，旅游企业通过与终端用户直接互动，不仅可以通过平台更精准地获取用户需求，还可以通过大数据分析、智能推荐等技术手段提升用户满意度。美团等平台通过不断优化自身的服务模式，已成为中国旅游 B2C 市场的领军者。例如，2023 年美团的旅游业务收入同比增长了 25.8%，达到了 2767 亿元人民币。

理解 B2C 旅游电子商务模式，需要从以下几个方面展开。

1. 直接服务消费者，提升个性化服务水平

B2C 旅游电子商务模式最大的优势在于其直接面向消费者，能够提供个性化的旅游产品和服务。通过与消费者的直接互动，企业能够准确捕捉其需求，提供更加定制化的旅游

体验。例如,美团通过其平台,不仅提供传统的酒店和机票预订服务,还结合本地服务,提供如"酒店+餐饮""酒店+娱乐"等个性化组合产品,增强用户体验。个性化服务的关键在于对用户行为的精确分析和需求的预测。通过分析用户的预订历史、浏览记录和偏好数据,平台可以自动为用户推荐适合的产品和服务。例如,当用户预订酒店时,系统可能会推荐附近的景点门票或餐饮优惠,从而增强用户的购买意愿和体验。这种个性化的服务模式大大提高了用户满意度,增强了用户对平台的黏性。

2. 便捷化的用户体验与高效的交易流程

B2C旅游电子商务模式能够为消费者提供便捷的预订流程和一站式的服务,极大地方便了其操作。携程、美团等平台不仅简化了旅游产品的购买流程,还支持多种支付方式、即时确认、移动支付等功能,提升了消费者的整体体验。在B2C旅游电子商务模式中,消费者可以通过平台进行旅游产品的搜索、比较、预订、支付等一系列操作。这种便捷性不仅减少了传统线下交易的烦琐流程,还提高了交易的效率。平台通过优化界面设计和简化操作步骤,使用户在短时间内完成从产品选择到付款的全过程,这种高效的交易流程有效提高了用户的使用体验,提升了平台的转化率。

3. 数据驱动的精准营销与客户管理

B2C旅游电子商务模式依赖于大数据分析和人工智能技术,通过收集和分析消费者的数据,平台可以进行精准的市场营销和客户管理。例如,携程利用大数据分析技术对用户行为进行深入分析,根据用户的预订记录、搜索习惯和个人偏好,向其推送个性化的广告和促销活动,从而提高营销的精准度和转化率。此外,数据驱动的精准营销还可以帮助平台进行用户分层管理,将不同类型的用户划分为不同的群体,制定针对性的营销策略。例如,高频使用平台的用户可能会收到专属优惠,而新用户则可能会享受首次下单折扣。通过这样的用户分层,平台能够更加有效地提升用户留存率和消费频率。

4. 市场竞争与挑战

尽管B2C旅游电子商务模式在提升用户体验和扩大市场份额方面具有显著优势,但也面临着激烈的市场竞争和用户获取成本不断上升的挑战。随着越来越多的企业进入B2C旅游电子商务市场,平台需要不断通过优化服务、降低成本、提升技术等手段来维持市场中的竞争优势。另外,B2C旅游电子商务模式的核心竞争力之一是平台对供应链的掌控能力。平台不仅要确保服务供应商的质量和数量,还需要平衡供应链中各环节的利益分配,以确保用户获得高性价比的产品和服务。这对平台的管理能力提出了更高的要求,特别是在服务质量、用户反馈、客户服务等方面,需要持续改进和创新。

知识点3　C2B旅游电子商务模式

C2B(Consumer to Business)旅游电子商务模式是指消费者主动提出需求,企业根据这些需求提供定制化服务的模式。与B2B和B2C旅游电子商务模式不同,C2B旅游电子商务模式将消费者置于主导地位,企业根据消费者的个性化需求提供相应的服务。这种模式在旅游业中的应用日益广泛,尤其是在定制旅行服务领域,C2B旅游电子商务模式不仅满足了消费者对个性化和灵活性服务的强烈需求,同时也为企业提供了精准把握市场需求的机会。

理解C2B旅游电子商务模式,需要从以下几个方面展开。

1. 消费者主导的定制化服务

C2B旅游电子商务模式的核心在于消费者的主导地位。消费者通过平台发布个性化需求，企业根据这些需求提供定制化的旅游产品和服务。消费者可以指定旅行日期、目的地、偏好活动等详细要求，企业则根据这些要求提供相应的报价和行程设计。这种模式的优势在于其具有高度的灵活性和个性化，能够最大限度地满足消费者的需求。消费者在整个过程中处于主导地位，不再局限于现有的旅游套餐，而是可以根据个人喜好自由组合和定制。这种定制化服务不仅提升了用户体验，还增加了用户对平台的依赖性和忠诚度。

2. 供应链的灵活性与响应速度

为了满足多样化的消费者需求，C2B旅游电子商务模式要求企业具备高度的灵活性和快速响应能力。企业必须能够根据市场反馈和消费者的具体需求，迅速调整产品和服务，以提供最佳的用户体验。这对供应链的管理提出了更高的要求，尤其是在资源配置、生产计划和服务交付等方面。通过灵活的供应链管理系统，企业可以实现对消费者需求的快速响应。企业能够根据实时的市场需求调整资源分配，并通过平台直接与消费者进行沟通，确保服务的高效交付。这种灵活性不仅提高了供应链的效率，还增强了企业在市场中的竞争力。

3. 市场适应性与创新能力

C2B旅游电子商务模式的成功依赖于旅游企业的创新能力和对市场变化的快速适应，通过持续的市场研究和消费者反馈分析，旅游企业可以不断优化其产品和服务，保持市场竞争力。旅游企业通过改进平台功能和服务内容，适应消费者需求的变化，从而在激烈的市场竞争中保持领先地位。在C2B旅游电子商务模式中，旅游企业不仅要对市场变化做出快速反应，还需要不断创新，以满足消费者日益增长的个性化需求。创新不仅提升了用户体验，还提高了平台的服务效率和精准度。

4. 消费者参与感与品牌忠诚度

C2B旅游电子商务模式通过让消费者参与服务设计的过程，增强了消费者的参与感和对品牌的忠诚度。当消费者可以主动决定旅行的每一个细节时，他们对最终的服务结果往往更加满意，从而增加了对平台的依赖性和忠诚度。此外，这种参与感也使得消费者更愿意分享他们的旅行体验，为平台带来更多的口碑效应。企业通过社交分享和用户评价系统，鼓励消费者分享他们的定制旅行体验。这不仅为平台带来了更多的用户流量，还能通过真实的用户反馈不断改进和优化服务，进一步增强品牌的市场竞争力。

知识点4　C2C旅游电子商务模式

C2C（Consumer to Consumer）旅游电子商务模式是指消费者之间通过平台直接进行旅游产品和服务交易的模式。在这一模式下，平台主要充当中介，连接提供产品和服务的消费者和需求方的消费者，使双方能够通过平台完成交易。C2C旅游电子商务模式在旅游业中的应用主要集中在共享经济领域，如共享住宿和体验经济。通过这种模式，消费者可以将自己的闲置资源，如房屋、车辆、旅行经验等，通过平台出租或分享给其他消费者，实现资源的高效利用。

C2C旅游电子商务模式的典型代表有Airbnb、途家等共享住宿平台，通过连接房东和旅行者，提供一种灵活、便捷的住宿选择。这种模式不仅提高了闲置资源的利用率，也为

消费者提供了多样化的选择。与传统的酒店住宿相比，C2C旅游电子商务模式的共享住宿通常更加灵活且具有地方特色，能够为旅行者提供更具个性化的旅行体验。

理解C2C旅游电子商务模式，需从以下几个方面展开。

1. 共享经济与资源优化利用

C2C旅游电子商务模式的核心在于共享经济的理念，通过平台将闲置资源转化为经济价值。在旅游行业中，C2C旅游电子商务模式主要通过共享住宿、共享交通和个性化旅行体验等形式体现出来。消费者不仅可以通过平台提供自己的资源，如房屋或车辆，还可以通过平台寻找他人提供的资源，从而满足自己的旅行需求。这种模式极大地提高了资源的利用效率，降低了消费者的成本，并为消费者提供了更加多样化的选择。在C2C旅游电子商务模式下，消费者不仅是资源的使用者，也是资源的提供者。这种双重身份使得消费者能够通过共享平台获得更多的收入来源，同时也增加了平台上可供交易的资源数量。这种模式的成功在很大程度上依赖于平台的信任机制和用户评价系统，这些机制和系统确保了交易的安全性和资源的质量。

2. 信任机制与平台治理

由于C2C旅游电子商务模式涉及个人之间的交易，因此，信任和安全问题显得尤为重要。平台通过建立完善的信任机制，如用户评价系统、身份验证、交易保障等，维护交易的安全性和信任度。这些机制不仅能帮助消费者做出更合适的选择，也增强了平台的整体可信度。信任机制的建立是C2C旅游电子商务模式成功的关键因素之一。通过用户评价和反馈系统，平台能够实时监控交易质量和用户体验，从而及时处理交易中出现的问题。此外，身份验证和交易保障措施进一步增强了消费者在使用平台时的安全感，使得他们更愿意参与共享经济的交易。这种信任机制不仅提升了用户的满意度，也为平台吸引了更多的用户和资源。

3. 个性化体验与用户参与

C2C旅游电子商务模式通过提供个性化的旅行体验，吸引了大量追求独特体验的消费者。与传统的旅游服务相比，C2C平台上的产品和服务通常更加灵活、更具个性化，能够满足消费者多样化的需求。例如，旅行者可以通过平台选择具有地方特色的住宿，或参加由当地居民组织的独特活动，从而获得深度的旅行体验。消费者在C2C旅游电子商务模式中的参与度通常较高，因为他们不仅是服务的消费者，也是服务的提供者。这种双重角色使得平台用户的黏性更强，他们愿意花费更多时间和精力去优化自己的服务或选择最符合自己需求的服务。平台通过鼓励用户分享他们的体验和反馈，不断提升服务质量和用户参与度，从而形成良性循环，促进平台的发展和壮大。

4. 市场扩展与创新挑战

随着共享经济的不断发展，C2C旅游电子商务模式在全球范围内的应用越来越广泛，尤其是在旅游业。然而，随着市场的扩展，C2C旅游电子商务模式也面临着新的挑战，尤其是在如何确保平台的质量控制、应对法规变化及处理用户的安全和隐私问题方面。平台需要不断创新，以应对这些挑战并保持其市场竞争力。创新不仅体现在平台技术的不断升级上，也体现在市场扩展策略的制定和实施上。平台需要通过引入新技术，如人工智能和大数据分析技术，提升用户体验和服务质量，同时还需要制定适应不同市场环境的策略，以应对全球化过程中面临的多样化挑战。

知识点 5　B2E 旅游电子商务模式

B2E（Business to Employee）旅游电子商务模式是指企业通过电子商务平台向其员工提供专门的旅游产品和服务。这种模式在企业内部的福利体系中发挥着重要作用，旨在为员工提供优惠的旅游方案、定制化的旅行套餐及其他相关福利。B2E 旅游电子商务模式将旅游资源与企业的员工福利体系相结合，不仅提升了员工的福利体验，也增强了企业对员工的吸引力和留任率。

B2E 旅游电子商务模式通常由企业与在线旅游平台或旅游服务提供商合作，为员工提供专属的旅游产品和服务。通过这种模式，员工可以享受比市场上更优惠的价格和更灵活的旅行选择，从而激励员工，提高其工作满意度和忠诚度。例如，大型企业常常通过与旅行社或在线平台合作，推出"企业员工专享"旅游计划，这些计划不仅包括机票、酒店预订，还包括度假套餐、团队建设活动等丰富的内容。

理解 B2E 旅游电子商务模式，需从以下几个方面展开。

1. 员工福利的提升与企业吸引力的增强

B2E 旅游电子商务模式的核心在于通过提供定制化的旅游服务，提升员工的福利待遇。这种模式为企业提供了一种独特的方式来回馈员工的辛勤工作，并通过提高员工的生活质量来提高员工的工作满意度和企业忠诚度。通过 B2E 模式，企业不仅能够提供优惠的旅游产品，还可以为员工量身定制旅行方案，满足员工的个性化需求。这种福利模式的优势在于其能够提升企业对员工的吸引力，尤其是在竞争激烈的人才市场中，B2E 旅游电子商务模式已成为企业吸引和留住高素质员工的重要方式。企业通过提供差异化的福利，可以增强员工的归属感和忠诚度，从而降低员工的流失率，提升企业的整体竞争力。

2. 企业资源整合与员工需求匹配

B2E 旅游电子商务模式的成功离不开企业资源的有效整合与员工需求的精准匹配。企业可以通过与多个旅游服务供应商合作，整合各种旅游资源，为员工提供广泛的选择。此外，企业还可以根据员工的需求和偏好，定制个性化的旅行方案，如家庭旅游、团建活动或假期度假等，从而最大化地满足员工的需求。通过 B2E 平台，企业能够实时了解员工的旅游需求和偏好，并根据这些数据进行资源配置和优化。这不仅提高了资源利用效率，也增强了员工的参与感和满意度。企业通过提供多样化的旅游选择，既满足了员工的不同需求，又提升了企业福利体系的灵活性和适应性。

3. 平台技术支持与数据分析能力

B2E 旅游电子商务模式的实施依赖于先进的平台技术和强大的数据分析能力。企业通过与在线旅游平台合作，利用人工智能和大数据分析技术，为员工提供智能化的旅游建议和个性化的服务。例如，通过分析员工的历史旅游记录和偏好，平台可以自动为其推荐符合需求的旅行套餐或优惠活动，从而提升员工的用户体验。此外，平台技术还支持企业对员工旅游行为进行全面分析，从而帮助企业优化福利策略，提升福利的针对性和有效性。通过数据分析，企业可以识别员工的需求趋势，及时调整旅游资源的配置，确保员工福利的持续优化和提升。

4. 企业文化的塑造与员工归属感的增强

B2E 旅游电子商务模式不仅提供了实质性的福利，还在无形中塑造了企业的文化氛围。

通过为员工提供丰富的旅游选择和体验,企业能够营造一种关怀员工、注重生活质量的文化,这种文化反过来又进一步增强了员工的归属感和团队凝聚力。尤其是通过组织团建旅行或集体度假,企业可以在轻松愉快的环境中增强员工之间的沟通与协作,提升团队的整体效能。企业文化的塑造在现代企业管理中扮演着越来越重要的角色,而 B2E 旅游电子商务模式正是企业打造积极文化的重要手段之一。通过这种模式,企业不仅传递了对员工的关怀,还通过一系列精心设计的旅游活动,提升了员工的幸福感和企业的内在凝聚力。

这些模式都是旅游电子商务中重要的商业模式,每种模式都有其独特的优势和适用范围。因此,旅游电子商务企业应根据自身的实际情况和目标市场,选择最合适的商业模式,以提高企业的竞争力并实现可持续发展。旅游电子商务模式的差异与相似性如表 1.1 所示。

表 1.1 旅游电子商务模式的差异与相似性

要素	B2B 模式	B2C 模式	C2B 模式	C2C 模式	B2E 模式
主体	两个旅游企业之间,例如供应商和采购商、批发商和零售商	企业与最终消费者,企业直接面向消费者销售旅游产品和服务	消费者与旅游企业,消费者提出需求或反馈,企业根据这些信息提供定制化的旅游产品和服务	两个消费者之间,例如个人卖家和个人买家,他们通过在线平台进行旅游产品和服务的交易	企业与其员工,企业通过内部平台向员工提供旅游产品、服务或福利
资源整合	旅游企业间资源整合,优化供应链效率	直接服务消费者,整合多方资源	企业根据消费者需求整合资源	共享经济下的资源优化	企业与旅游服务供应商合作,整合资源
用户体验	提高服务效率,间接提升终端用户体验	直接面向消费者,提供个性化服务	消费者主导定制,服务灵活性高	个性化、多样化的用户体验	提供定制化旅游福利,提升员工体验
市场适应性	通过规模经济应对市场变化	高效应对消费者需求变化	快速响应消费者个性化需求	适应共享经济趋势,灵活应对需求变化	提高员工满意度,增强企业竞争力
信任机制	企业间长期合作,信任度较高	平台品牌及用户评价机制维持信任	消费者主导,企业需保持透明和随时响应	平台通过评价系统和身份验证等方式建立信任	企业与员工间已有信任基础
主要挑战	市场竞争激烈,需不断优化供应	用户获取成本高,需保持服务创新	满足消费者多样化需求,保持供应链灵活性	确保交易安全与质量控制	提供差异化福利,保持吸引力
应用场景	供应商合作、产品分销、B2B 交易平台	在线旅游预订、酒店和机票销售	定制旅游、个性化行程规划	共享住宿、体验经济	员工福利、企业文化建设

三、任务训练

实训一 旅游电子商务模式概念阐述与理解

【实训目的】

帮助学生全面理解旅游电子商务模式的核心概念,并能够清晰地用自己的语言进行准确表达。

【实训步骤】

(1) 4~6 人为一组,全班同学分成若干小组;

（2）以小组为单位，每个小组成员分别负责一个旅游电子商务模式（B2B、B2C、C2B、C2C、B2E），研究其定义、特征及市场应用；

（3）以小组为单位，小组成员依次用自己的语言简明扼要地阐述自己负责的模式，其他成员可以提出问题或补充；

（4）小组内部讨论各模式间的联系和区别，形成一份简明的概念总结报告，并由小组代表上台发言。

【实训要求】

清晰阐述旅游电子商务模式的定义和主要特征；强调该模式在旅游行业中的具体应用和影响；小组讨论总结需逻辑清晰，能够准确表达各模式的关键点。

【实训评价】

评价指标	自我评价	小组评价	教师评价
参与度			
准确度			
完整性			
成效性			

实训二　旅游电子商务模式案例采集与分析

【实训目的】

通过采集并分析不同旅游电子商务模式的案例，增强学生对这些模式实际应用的理解，并探讨其市场表现与挑战。

【实训步骤】

（1）4~6人为一组，全班同学分成若干小组，确定每个小组的研究方向（如B2B、B2C等）；

（2）以小组为单位，小组成员分别通过网络或文献搜集一个与所研究模式相关的典型案例；

（3）以小组为单位，讨论所采集案例中该模式的运作方式、市场表现及其在特定情境下的优势与挑战；

（4）每组选派代表上台汇报讨论结果，展示该模式在实际应用中的表现及其对旅游行业的影响。

【实训要求】

采集案例要具有代表性和时效性；分析需结合模式特征，讨论其市场表现及存在的问题；汇报时应逻辑清晰，能够综合分析案例的优势和劣势。

【实训评价】

评价指标	自我评价	小组评价	教师评价
参与度			
准确度			
完整性			
成效性			

实训三 多模式整合与创新应用

【实训目的】

引导学生探讨如何整合多种旅游电子商务模式以应对复杂的市场需求，并提出创新性应用方案。

【实训步骤】

（1）4~6 人为一组，全班同学分成若干小组，每组负责不同的模式组合（如 B2B+B2C、C2B+C2C 等）；

（2）小组成员讨论并设计一个结合多种电子商务模式的旅游平台，强调如何通过模式整合优化用户体验和市场适应性；

（3）每组提出一个创新性的应用场景或策略，说明如何在未来市场中利用这些模式的组合来获得竞争优势；

（4）每组选派代表上台汇报设计方案和创新提案，展示模式整合后的应用前景；

（5）挑选优秀案例在课程网络学习平台上展示。

【实训要求】

设计方案应具备创新性和实际操作性，强调模式整合的逻辑性和市场适应性；汇报内容要逻辑清晰，能够说服听众。

【实训评价】

评价指标	自我评价	小组评价	教师评价
参与度			
准确度			
完整性			
成效性			

四、课外拓展

（一）拓展阅读

电子商务的发展阶段

根据电子商务使用的不同网络，电子商务的发展可分为四个阶段：基于电子数据交换的电子商务，基于互联网的电子商务，基于 3G、4G、5G 的移动电子商务，基于新兴技术的智慧电子商务。

1. 基于电子数据交换的电子商务

从技术的角度来看，人们利用电子通信的方式进行贸易活动已有几十年的历史了。早在 20 世纪 60 年代，人们就开始利用电报报文、传真等方式发送商务文件，但这还不是严格意义上的电子商务。20 世纪 60 年代末 70 年代初，为了节约纸张、提高效率，贸易活动中产生了电子数据交换。当时，用纸质订单订货，平均每笔业务需要 55 美元，而用电子数据交换技术订货，平均每笔业务只需要 27 美元。在互联网普及之前，电子数据交换技术是最主要的电子商务应用技术。20 世纪 90 年代以来，电子数据交换在美国、英国、日本、新加坡等国的贸易活动中得到了快速发展，涉及化工、电子、汽车、零售业和银行等行业。

我国基于电子数据交换的电子商务始于 20 世纪 90 年代初。1991 年，"中国促进 EDI 应用协调小组"成立；1996 年，北京海关与中国银行北京分行在我国首次开通了电子数据交换通关电子划款业务。与此同时，各省、自治区、直辖市及中央部委也都设立了专门的职能部门负责协调电子数据交换的应用、推广工作。经过各级政府部门的大力推广，电子数据交换从应用最多的进出口贸易逐渐扩展到了商检、税务、邮电、铁路和银行等领域。

2. 基于互联网的电子商务

20 世纪 90 年代中期，互联网迅速从大学、科研机构进入企业和家庭。1991 年，一直被排斥在互联网之外的商业贸易活动正式进入互联网世界，电子商务成为互联网应用最大的热点。基于互联网的电子商务起源于 1995 年，它的先驱是一些互联网零售公司，如亚马逊。

2014 年之后，电子商务出现了许多新的发展趋势，如与政府的管理和采购相结合的电子政务服务、与个人手机通信相结合的移动电子商务等均得到了很好的发展，跨境电子商务也成了电子商务发展的一个新的突破口。

3. 基于 3G、4G、5G 的移动电子商务

随着移动通信技术的发展，手机上网已经成为一种重要的上网方式。在 3G 和 4G 时代，智能手机、平板电脑的普及使移动电子商务的发展极为迅速，改变了很多基于互联网的电子商务"规则"。

2018 年，我国三大电信运营商开始投入 5G 网络建设，2019 年 11 月 1 日正式上线 5G 商用套餐。我国已建成全球规模最大的 5G 独立组网网络，截至 2021 年 6 月底，我国 5G 终端连接数超过 3.65 亿户，已开通 5G 基站 96.1 万个，覆盖全国地级以上城市及重点县市。在 5G 时代，电子商务有了更深层次的变化。

4. 基于新兴技术的智慧电子商务

2015 年，政府工作报告中提出了制订"互联网+"行动计划，电子商务是"互联网+"行动计划的一项重要内容，也是核心内容之一。"互联网+"不仅是技术变革，还是一场思维变革。站在"互联网+"的风口上，O2O、新零售、互联网金融、智能制造、智慧城市等细分领域的创新应用和实践遍地开花。移动互联网、云计算、大数据、物联网、人工智能、区块链等新兴技术与现代制造业结合，促进了电子商务、工业互联网和互联网金融的快速发展。

2016 年，随着"五新"（即新零售、新制造、新金融、新技术、新能源）的提出，电子商务企业从商务领域扩展至跨越行业界限的技术平台领域，推动电子商务进入智慧电子商务阶段。构建虚拟商业与实体商业空间融合的智慧商圈，创建高融合度的一流消费环境，是电子商务发展的趋势。互联网与传统产业的融合发展不仅推动了经济稳步增长，促进了产业结构的创新升级，还加快了国家综合竞争新优势的形成，为我国在新一轮全球竞争中的脱颖而出创造了机会。

（资料来源：白东蕊、岳云康主编《电子商务概论（第 5 版）》，人民邮电出版社，2022 年 1 月）

（二）课后实践

通过网络或实地调研，选择一家知名的在线旅游平台（如携程、美团等），研究其主要使用的电子商务模式（如 B2B、B2C 等），重点分析该平台如何通过这种模式优化资源配置、提升用户体验，并应对市场挑战。请搜集并分析相关数据，形成一份详细的案例研究报告。

任务三　认识旅游电子商务岗位

任务描述

通过学习，把握电子商务行业动态、就业特征，领会旅游电商岗位核心能力及标准，进而能剖析行业脉络、解读就业特质、阐释岗位能力要求，形成对该领域的整体认知与专业理解。

学习目标

知识目标	能力目标	素养目标
1. 了解电子商务专业行业发展态势的关键表现，包括产业发展速度、岗位需求细分等； 2. 了解电子商务专业就业相关特征，如就业方向、政策支持力度等； 3. 熟悉旅游电子商务岗位所需的核心能力及其具体要求	1. 能够清晰描述电子商务专业的行业发展态势； 2. 能够准确说明电子商务专业的就业相关特征； 3. 能够阐述旅游电子商务岗位的核心能力及其具体要求	1. 强化学生对职业道德重要性的认识，培养诚信、守法的职业行为； 2. 通过案例分析等教学手段，增强学生对本土旅游文化和电子商务发展模式的自信

一、案例导入

春秋国旅的旅游电子商务发展

上海春秋国旅，凭借其深厚的行业经验和卓越的客户服务，于 2000 年前后便开始涉足旅游电子商务领域，成为国内先行者之一。其成功始于对互联网技术的早期采纳，通过官网展示旅游产品并接受在线预订，引领行业潮流。

春秋国旅之所以在电子商务领域取得显著成就，首先得益于其对技术的深刻理解和有效应用。该旅行社提供了多样化的旅游产品，并配备了便捷的在线预订和支付系统，极大地方便了游客的预订和管理。同时，通过大数据分析技术，春秋国旅能够洞察消费者行为，从而为其提供定制化的旅游服务。

用户体验的优化也是春秋国旅成功的关键因素。在设计旅游产品时，春秋国旅始终将消费者的需求放在首位，确保旅游体验能够满足消费者的期望。此外，春秋国旅通过线上和线下客服渠道，及时响应并解决客户问题，有效提升了客户满意度。

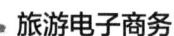

春秋国旅的电子商务模式展现了创新精神。通过与旅游产业链上的合作伙伴建立联盟，春秋国旅打造了一站式旅游服务，简化了消费者的规划流程，降低了其决策成本。

持续的创新和改进是春秋国旅不断前进的动力。随着移动技术和新兴科技的发展，春秋国旅推出了移动应用，使服务更加触手可及，并探索了 VR 和 AR 技术，以提供更丰富的旅游体验。

上海春秋国旅的电子商务发展案例为业界提供了宝贵的经验。其成功不仅在于对互联网技术的熟练掌握和对用户体验的不断追求，还在于其创新的服务模式和持续的创新精神。展望未来，随着新技术的不断涌现，春秋国旅有望在旅游电子商务领域实现更大的突破。

（资料来源：根据网络资料整理）

思考：旅游电子商务企业对未来人才的需求是什么？

二、理论知识

知识点 1　电子商务行业发展态势与就业相关特征

随着电子商务的飞速发展，其行业态势不断演变，专业人才的就业状况也在持续地发生变化，呈现出一系列相关特征，具体介绍如下。

1. 产业发展迅速

审视电子商务领域的发展动向，我们可以看到这个行业在最近几年有了飞速的增长，这也导致了对专业人才的需求持续上升。2018 年，我国的电子商务交易总额高达 31.63 万亿元，雇用了 4700 万名员工，与前一年相比有了 10.6% 的增长。在 2024 年的 1 月至 7 月期间，中国的网络零售总额达到了 8.38 万亿元，与前一年相比有 9.5% 的增长。其中，实物商品的网上零售总额为 7.01 万亿元，增长率为 8.7%。这意味着网络消费的新动力正在逐渐聚集，数字消费、服务消费和以旧换新的政策措施都在推动网络消费的增长。电子商务领域正在通过技术革新、服务提升和与国际伙伴的合作，持续地促进产业的升级和市场的拓展，呈现出其强大的成长空间和发展潜力。

2. 就业吸纳能力提升

旅游电子商务行业高速发展，持续释放就业活力。在线旅游平台拓展业务、旅游电商服务商布局多元场景，从旅游产品线上营销、智能行程定制，到目的地智慧服务、跨境旅游电商运营，产业链延伸带动岗位扩容。行业规模扩张催生旅游产品运营、数字化营销等新岗位，服务升级需求让旅游电商顾问、大数据分析等缺口显现。随着行业渗透率提升、全球化布局深化，将为更多专业人才搭建从基础到高端的职业链，成为就业市场的"蓄水池"。

3. 岗位需求细分

在岗位需求细分方面，电子商务行业规模不断扩大，岗位需求也日益细分。从网站设计、开发和美术设计等技术岗位，网络营销、国际贸易和内容服务等商务岗位，到项目管理和部门管理等综合管理岗位都需要专业人才。电子商务行业岗位要求越来越细分化，随着产业走向深入化，专业人才要求涵盖技术开发、网站设计、美术设计、商务运营、网络营销、国际贸易等多个领域，这就需要从业人员在掌握电子商务专业知识的同时，还要具备跨学科的技能与创新能力，从而满足变化多端的市场需求，增强个人竞争力。

4. 新兴业态机遇足

随着消费者趋向于线上消费，新兴的数字化商业模式如即时生鲜配送、网络教育平台、虚拟医疗咨询等正在迅猛扩张，这一趋势极大地增加了对电子商务领域专业人才的需求。这些新兴业态不仅为电子商务注入了创新动力，还为从业人员开辟了更宽广的职业道路和多样化的就业机遇。此外，它们也激励着企业和创业者在服务创新和用户满意度提升上进行积极的探索和实践。

5. 就业方向广泛

电子商务专业就业方向广泛，毕业生可选择的职位丰富多样。从岗位类型来看，既包括电子商务专员、在线营销顾问等基础执行岗，也有外贸业务专家、电子商务主管等管理型职位。在行业适配性上，除了传统的互联网、电子商务领域，还能在国际贸易、可再生资源、电子技术等行业找到发挥专业优势的机会。毕业生可凭借所学知识，在数字营销、全球贸易、供应链优化等领域深入发展，充分满足市场对复合型电商人才的多元需求。

6. 薪酬增长空间大

电子商务领域的毕业生起薪受多种因素影响，包括工作资历、所在地区的经济状况、所属行业以及个人的专业技能等。虽然刚开始工作时的收入可能不高，但随着工作经验的增加和专业技能的精进，特别是在电子商务这样一个快速增长的行业中，他们的收入有望获得显著提升。因此，电子商务专业的毕业生可以期待随着时间的推移，获得更加丰厚的经济回报和更多的职业晋升机会。

7. 就业前景广阔

随着数字经济蓬勃发展，电子商务在各行业深度渗透，市场对专业人才需求持续攀升，为毕业生开辟了多元职业路径。从互联网、零售到金融等领域，均提供了适配岗位。毕业生可通过精进数据分析、跨境运营等专业技能，积累实战经验，在行业数字化转型与创新浪潮中，精准把握职业发展机遇，逐步实现职业晋升与个人价值提升。

8. 政策支持力度大

为推动电子商务行业发展，政府加大政策支持力度，一方面组织线上专场招聘会，为高校电子商务专业毕业生搭建就业平台；另一方面出台政策鼓励行业创新，推动物流数字化转型。这些举措不仅创造大量就业岗位，还通过构建高效环保的数字化物流体系，提升行业竞争力，实现政策与市场协同发力，为电子商务行业可持续发展及从业者长期职业规划筑牢坚实基础。

知识点2 旅游电子商务岗位所需的核心能力与要求

旅游电子商务行业对人才的高标准和专业化需求，指出了旅游行业在人才培养和技能提升方面所面临的挑战。旅游电子商务岗位对服务能力的要求是多方面的，涉及不同的专业技能和综合素质。

1. 技术能力

随着互联网技术的不断创新，旅游电子商务平台需要后端开发工程师、前端开发工程师、测试工程师等技术人才来支撑平台的开发和运维工作。技术能力是旅游电子商务岗位的核心竞争力。专业人才不仅要掌握后端和前端开发、移动应用开发、数据库管理等关键技术，还需具备快速适应新技术发展和解决复杂技术问题的能力，从而确保旅游电子商务平台的稳定运行、创新开发和用户体验的持续优化。

2. 运营能力

旅游电子商务行业需要专业的运营团队进行平台的运营管理。运营能力在旅游电子商务岗位中至关重要，涉及对平台的运营管理、市场推广、用户运营和内容编辑等方面的专业技能，要求运营人员具备市场洞察力、创意策划能力、数据分析能力、用户行为理解能力、高效的执行力、团队协作精神，以推动旅游产品的销售和提升用户满意度。

3. 产品能力

产品团队中的产品经理与UI设计师，分别负责旅游产品的策划、设计和管理，合力提升旅游产品的吸引力和竞争力。产品能力要求旅游电子商务岗位的专业人员不仅要精通产品设计、用户体验和市场分析，还要能够进行有效的产品策划、创新和生命周期管理，确保旅游产品能够满足市场需求并提供差异化的竞争优势，同时通过不断的优化和迭代提升用户满意度和市场响应度。

4. 数据分析能力

数据分析人才包括数据分析师、数据挖掘工程师等，通过分析用户数据来优化产品和服务，从而为业务决策提供数据支持。数据分析能力要求旅游电子商务岗位的专业人员能够熟练运用数据分析工具和技术，对用户行为、市场趋势和业务表现等数据进行深入挖掘和解读，以洞察用户需求、优化服务流程、提升用户体验，并为营销策略和产品开发提供数据支持，从而驱动业务决策和增长。

5. 客户服务能力

专业的客服团队包括客服专员、客户经理等，能够提供及时有效的客户咨询和问题解决服务。客户服务能力要求旅游电子商务岗位的专业人员具备出色的沟通技巧、问题解决能力和用户关怀意识，能够通过多渠道提供及时、专业和个性化的客户支持，确保客户咨询和问题得到有效处理，同时通过积极的客户关系管理提升客户满意度和忠诚度，维护企业品牌形象。

6. 创新与学习能力

市场和技术的快速变化要求旅游电子商务人才具备创新能力和快速学习新技术、新产品、新市场的能力。创新与学习能力要求旅游电子商务岗位的专业人员在快速变化的市场中不断追求创新思维和方法，迅速吸收新知识、新技术，适应行业新趋势，以持续提升个人竞争力，为企业带来新的发展动力，确保服务和产品始终与时俱进，满足消费者不断变化的需求。

7. 沟通与团队协作能力

良好的沟通与团队协作能力对旅游电子商务团队中各个岗位之间的协作至关重要。沟通与团队协作能力要求旅游电子商务岗位的专业人员在多元化的工作环境中展现高效的交流技巧和团队精神，能够清晰表达想法、倾听他人观点、协调各方资源，并通过协作，解决问题、共享信息和推动项目进展，以实现团队目标和提升整体工作效能。

8. 专业认证

专业认证体现了旅游电子商务岗位对从业人员专业技能和知识水平的标准化要求，如《旅游电子商务师等级划分与评定》团体标准的实施，旨在通过明确的职业资格认证体系，提升旅游电子商务领域的专业化水平，确保从业人员具备相应的专业能力和服务标准，同

时也为该领域人才的职业发展和行业的认可度提供了权威依据。

9. 实操经验

旅游电子商务岗位越来越重视应聘者的实操经验，因此在校企合作项目中，要鼓励学生通过实训课程和虚拟系统进行实践操作，以提升就业竞争力。实操经验强调旅游电子商务岗位要求从业者具备实际工作能力和经验，要求旅游电子商务专业人员不仅理论知识要扎实，更要通过参与实训课程、虚拟系统操作和真实工作环境中的实践，进一步掌握电子商务运营、产品推广、客户服务等关键技能，增强其解决实际问题的能力，提高其在职场中的竞争力。

10. 持续学习能力

旅游电子商务岗位对从业者能力需求呈多元化特点，要求从业者既需掌握电子商务运营技能，又要熟悉旅游供应链及产品特性。为满足这一需求，专业教育与持续培训成为关键途径。通过系统学习与长期职业培训，从业者可以深化对旅游电子商务运作模式、市场趋势、技术应用及客户服务的理解，持续更新知识体系，确保其专业能力契合行业发展与岗位需求的动态变化。

知识点3 旅游电子商务人才需求现状及趋势

1. 技术人才需求增长

在线旅游行业，移动技术的广泛应用正成为新的竞争热点，直接带动技术专家，如后端开发工程师、前端开发工程师和测试工程师等专业人才需求的激增。随着移动互联网、大数据和人工智能等前沿技术不断融入旅游电子商务平台，对能够进行平台创新、提升用户体验和确保系统安全的技术人才的需求变得越来越迫切。这些专业人才对推动旅游电子商务的高质量发展至关重要。

2. 运营和产品人才重要性提升

在旅游电子商务领域，专业的运营和产品团队对平台的成功至关重要。运营团队负责平台的日常管理和推广活动，而产品团队则专注于旅游产品的策划、设计和优化。随着市场竞争的加剧和消费者需求的日益多样化，旅游电子商务平台越来越依赖于具有敏锐市场洞察力、创新策划能力和用户导向设计思维的运营团队来驱动业务增长。同时，也需要产品团队深入理解市场趋势和用户需求，设计出既符合市场需求又具有创新性的旅游产品和服务，以确保平台在激烈的市场竞争中保持领先地位。

3. 数据分析人才短缺

旅游电子商务平台迫切需要数据分析领域的专业人才，包括数据分析师和数据挖掘工程师，他们通过深入分析用户数据来揭示消费者的需求和行为模式。鉴于当前旅游电子商务行业对数据分析人才的迫切需求，特别是在提供个性化服务和精准产品推荐方面，这些专业人士的作用变得尤为关键。他们通过精准的数据分析帮助平台深入理解消费者行为，优化服务流程，提升消费者体验，并制定有针对性的市场策略，从而为旅游电子商务平台的决策制定和业务发展提供强有力的支持。

4. 客服人才需求稳定

在旅游电子商务领域，卓越的客户服务是平台成功的核心要素，这就要求平台配备专业的客服团队，如客服专员和客户经理等人员。技术发展无法取代人性化的服务，因此，旅游电子商务领域对客服人才的需求始终保持稳定。旅游电子商务平台依赖于这些专业人员提供及时、高效的咨询和问题解决方案，以确保用户在预订流程、旅途中和旅途后都能享受到满意的客户体验，从而增强用户的满意度和忠诚度。

5. **旅游电子商务师专业化**

《旅游电子商务师等级划分与评定》的推出标志着旅游电子商务行业对专业人才的培养和评估正朝着更加规范化和标准化的方向发展。该标准的实施反映了行业对从业人员专业技能和知识水平提升的要求，为旅游电子商务师的职业培训、能力评估和职业发展提供了清晰的指导。建立这样的专业化人才体系，旨在提高旅游电子商务服务的整体质量和效率，以回应市场对高品质在线旅游服务的不断增长的期望。

6. **市场规模持续扩大**

预计至2026年，中国在线旅游市场交易额有望突破22000亿元，这一数据直观展现出旅游电子商务行业正处于高速发展期。随着市场规模持续扩张，消费者对在线旅游服务的接受度与依赖度不断攀升，不仅推动行业向定制化、便捷化方向深化发展，也凸显出旅游电子商务行业在服务创新和市场拓展方面的巨大潜力。在此背景下，行业对专业人才的需求也将持续增长，以满足技术迭代、运营升级和产品创新等发展需求。

7. **政策和市场双重驱动**

在政策与市场的双重驱动下，沉浸式娱乐、智慧旅游等新场景蓬勃发展，对旅游电子商务人才需求的显著增长。政策层面，国家通过出台产业规划、提供资金扶持、完善行业规范等措施，为旅游电子商务行业营造了健康有序的发展环境；市场层面，消费者对在线旅游服务需求持续升级，从传统的行程预订，逐步转向个性化、沉浸式的旅游体验，这一转变促使旅游电子商务行业不断创新服务模式，加速迭代升级。政策与市场的协同发力，不仅推动旅游电子商务行业规模持续扩张，也对人才能力提出了更高要求——既需要从业者掌握电子商务运营逻辑，又要熟悉旅游场景化服务设计。未来，随着政策红利持续释放与市场需求不断细分，具备数字化运营、新场景开发能力的专业人才，将成为支撑行业高质量发展的核心力量。

8. **旅游人才紧缺问题凸显**

当前，旅游业正面临严峻的人力资源挑战，中高端管理人才与复合型专业技术人才的供需矛盾尤为突出。一方面，行业快速发展催生对兼具战略规划、数字化运营、跨界整合能力人才的迫切需求，但人才培养体系滞后于市场变化，导致专业人才供给不足；另一方面，疫情冲击后行业复苏进程中，人才流失率攀升，加剧了供需错配。为破解这一困局，需构建"行业+教育机构"协同培养机制，通过优化课程体系、加强校企合作实现精准育才；同时，行业内部需完善职业晋升通道、提升薪资福利水平，以增强岗位吸引力，推动旅游业高质量发展。

9. **旅游电子商务人才供需矛盾**

虽然旅游电子商务行业保持高速增长态势，但是面临市场集中度高、产品同质化严重等发展瓶颈，亟须具备创新能力与市场洞察力的专业人才破局。在此背景下，行业人才供需矛盾日益凸显：一方面，数字化转型、消费需求升级促使企业对中高端复合型人才的需求急剧攀升，既要求从业者精通电子商务技术与运营策略，又需要其深度理解旅游市场动态；另一方面，人才供给端存在很大缺口，院校培养体系与行业需求脱节、人才实践经验不足等问题，导致能够驱动产品创新、满足消费者多元化需求的关键人才严重短缺。这种供需失衡不仅限制了企业差异化竞争能力，更制约了行业向高质量、创新化方向发展的步伐，亟待通过产教融合、职业技能培训等方式优化人才培养机制，填补人才缺口。

三、任务训练

实训 客户服务情景模拟

【实训目的】

让学生熟悉并掌握旅游电子商务客户服务的基本技能，包括沟通、问题解决和客户关系管理。同时，提高学生在不同客户服务情景下的应变能力和处理技巧，培养其职业服务态度和客户至上的服务意识。此外，提升学生在团队中的协作能力，让其学会在多部门协作中提供连贯的服务。

【实训步骤】

（1）设计一系列客户服务情景，包括常见问题、投诉处理、紧急情况响应等。每组由4~6人组成，整个班级被划分为多个小组；学生分组并分配角色，包括客服代表、客户、团队成员等；

（2）以小组为单位，学生进行角色扮演，模拟客户服务流程；

（3）以团队为基础，每位成员分析每个情景中的关键点，讨论不同的处理方法和策略；

（4）模拟结束后，学生进行自我反思，教师提供反馈和建议。

【实训要求】

在模拟活动中，学生需积极参与并认真扮演角色，展现专业的客户服务态度和沟通技巧，严格按照既定的客户服务流程进行操作，确保服务的标准化。同时，学生在模拟中要使用清晰、礼貌的语言有效传达信息，并且能够迅速、合理地解决客户问题。

【实训评价】

评价指标	自我评价	小组评价	教师评价
角色扮演			
沟通技巧			
问题处理			
团队合作			
反馈吸收			
自我反思			

四、课外拓展

（一）拓展阅读

电子商务师岗位职责

电子商务师，又名电子商务经理，是电子商务业务运作、发展和管理的关键角色。在电子商务行业的快速发展中，这一职位变得愈发重要。电子商务师的职责包括但不限于：管理与优化电子商务平台，提升用户体验和销售效率；策划并执行多渠道营销活动，增强品牌影响力，提高销售业绩；进行深入的数据分析，以洞察用户行为，发掘增长机会；提供优质的客户服务和售后支持，确保客户满意度；探索和开发新的商业模式和市场机会。这些职责要求电子商务师具备广泛的技能，包括市场洞察力、分析能力、创新思维和组织协调能力，以适应不断变化的电子商务环境并推动企业持续成长。

电子商务师在电子商务平台运营管理方面扮演着核心角色。他们负责从平台的搭建到日常维护的全过程，包括界面设计、功能开发及用户体验的持续优化。通过精心规划和管理电子商务平台，他们确保平台能够稳定运行，同时高效地处理商品上架、库存管理、订单处理及物流跟踪等关键问题。这不仅需要他们具备深厚的技术知识，还需要他们对用户体验有敏锐的洞察力，从而通过平台的优化，提升用户的满意度和忠诚度。

在营销策划与推广方面，电子商务师需要制定全面的电子商务营销战略和具体的营销计划。他们根据公司产品的特点和市场情况，精心策划促销活动、制定广告投放策略等，以吸引更多的潜在客户。同时，他们还负责执行多渠道营销活动，如社交媒体营销、内容营销、直播带货等，通过这些多样化的营销手段，增强品牌的影响力，提升销售业绩。这一过程中，电子商务师需要具备出色的市场洞察力和创新思维，以确保营销活动能够精准地触达目标客户群体，实现预期的营销效果。

数据分析是电子商务师工作的重要组成部分。他们需要收集和整理电子商务平台的运营数据、用户行为数据及市场动态数据等，并运用专业的数据分析工具进行深入挖掘和分析。通过对这些数据的分析，电子商务师能够洞察用户需求和市场趋势，从而为公司的产品开发、营销策略调整及业务拓展提供有力的数据支持和决策依据。这一职责要求电子商务师具备扎实的数据分析能力和敏锐的市场洞察力，以便在复杂多变的市场环境中为企业制定科学合理的战略规划。

电子商务师在客户服务与关系管理方面也承担着重要职责。他们需要按照既定的客户服务流程进行操作，制定和优化客户服务标准，确保服务的标准化和专业化。在日常工作中，他们要使用清晰、礼貌的语言与客户进行沟通，有效传达信息，并展示其能够迅速、合理地解决客户问题的能力。通过提供优质的客户服务和售后支持，确保客户满意度，进而提升客户的忠诚度和复购率。这一职责不仅需要他们具备良好的沟通技巧，还需要他们具备高度的责任心和问题解决能力，以确保客户在购物过程中获得满意的体验。

电子商务师是企业商业模式创新与拓展的关键推动者。他们积极探索和开发新的商业模式和市场机会，如拓展新的销售渠道、开展跨境电子商务、尝试社交电子商务等。同时，他们还负责电子商务关键项目的推进和管理，对项目的进度、质量、效果等进行监控和评估，确保项目按时完成并达到预期目标。这一职责要求电子商务师具备创新思维和战略眼光，能够敏锐地捕捉市场变化，为企业寻找新的增长点，推动企业在激烈的市场竞争中保持领先地位。

（资料来源：根据网络资料整理）

（二）课后实践

通过网络或实地调研，选择多家知名的在线旅游平台（如携程、美团等），研究其旅游电子商务人才需求状况。请收集并分析相关数据，形成一份详细的案例研究报告。

项目自测

一、名词解释

1．旅游电子商务
2．B2B 旅游电子商务模式
3．B2C 旅游电子商务模式
4．C2B 旅游电子商务模式
5．C2C 旅游电子商务模式
6．B2E 旅游电子商务模式

二、简答题

1．简述旅游电子商务的特点。
2．简述各旅游电子商务模式（B2B、B2C、C2B、C2C、B2E）的差异与相似性。
3．简述未来旅游电子商务人才需求状况的特征。

项目二

旅游电子商务平台选择

项目知识思维导图

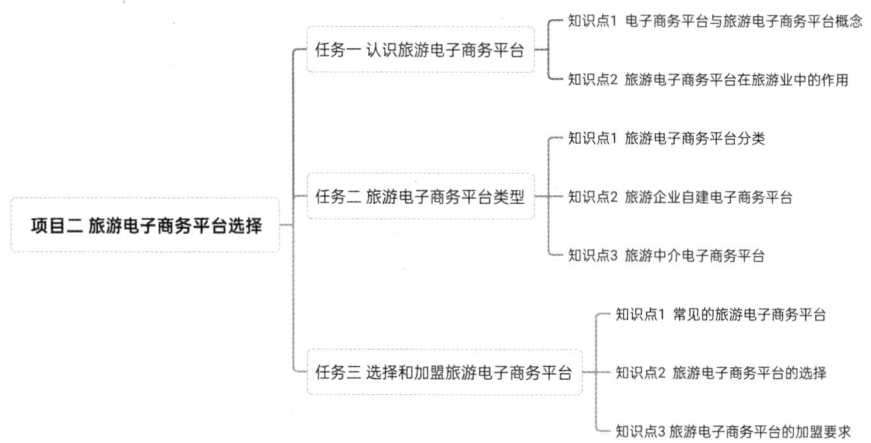

任务一　认识旅游电子商务平台

任务描述

理解并用自己的语言描述什么是旅游电子商务平台。收集旅游电子商务平台服务旅游业的案例，结合案例阐述创建旅游电子商务平台的意义及内容。

学习目标

知识目标	能力目标	素养目标
1．了解旅游电子商务平台的概念； 2．理解旅游电子商务平台的重要性	1．能够准确阐述旅游电子商务平台的重要意义； 2．能够对旅游电子商务平台现状进行分析	1．树立绿色发展的理念； 2．培养创新精神

一、案例导入

2024 年在线旅游平台业务大爆发

2023 年 11 月 24 日，中国外交部宣布对法国、德国、意大利、荷兰、西班牙、马来西亚 6 国试行单方面免签政策。2023 年 12 月 1 日至 2024 年 11 月 30 日期间，上述国家持普通护照人员来华经商、旅游、探亲访友或过境，且停留时间不超过 15 天，可免签入境。此举被视为入境旅游业务的重大利好消息。

中国旅游市场在 2023 年第三季度显示强劲复苏态势，国内旅游总人次达到 12.90 亿，同比增长 101.9%。2022 年中国境内的外国游客消费总额达到 1273 亿美元，免签政策若能吸引更多外国游客，将为国家带来显著的旅游收入增长。

携程国际平台入境旅游预订量同比实现三位数增长，显示了在线旅游平台在抓住免签政策利好方面的潜力。携程已搭建入境游服务平台，提供签证办理、酒店及景点预订等一站式服务。

出境游市场也在复苏，携程 2023 年三季度跨境航空客运量恢复到 2019 年同期的 50%左右，出境酒店和机票预订量已恢复到 2019 年同期水平的 80%左右。携程在国际化的探索上积累了经验，国际 OTA（在线旅游平台）总预订量较 2022 年同期及 2019 年同期均增长超 100%。

ESG（环境、社会和政府）和 AI（人工智能）创新是在线旅游平台降本增效的关键。携程集团发布的旅游行业垂直大模型"携程问道"提升了自助回复率和问题解决率，节约了客服工作时间。ESG 业务通过无纸化改造和能效改进，提升了业务效率并减少了碳排放。

2023 年三季度，在线旅游平台效益显著，携程集团、同程旅行和途牛网收入和净利润均实现增长。展望未来，业务爆发期即将到来，OTA 需在入境游、出境游、全球商旅及 AI 创新与 ESG 业务治理上持续发力。

（资料来源：根据网络资料整理）

思考：旅游电子商务平台对促进旅游业的发展有哪些积极作用？

二、理论知识

知识点 1　电子商务平台与旅游电子商务平台概念

电子商务平台是一种通过互联网开展商业活动的在线市场，其核心功能是促成商家与用户（包括企业和消费者）之间的产品及服务交易，具体涵盖在线支付、商品/服务展示、搜索、比较、评价等。其模式多样，包括 B2B（企业对企业）、B2C（企业对消费者）、C2C（消费者对消费者）等，业务范围覆盖从批发到零售的各类商业场景。

旅游电子商务平台是电子商务平台的细分类型，它聚焦于旅游领域，通过互联网技术为消费者提供旅游相关产品和服务的一站式在线服务，包括机票、酒店、旅游套餐、景点门票、租车等的搜索、比较、预订及支付，同时辅以用户评论、旅游攻略、个性化推荐等功能，旨在为用户打造便捷、高效的旅游消费体验。

旅游电子商务

知识点 2　旅游电子商务平台在旅游业中的作用

旅游电子商务平台在旅游业中扮演着重要角色，它连接了旅游资源、服务提供商和消费者，形成了一个高效的供需匹配平台。旅游电子商务平台蓬勃发展，不仅提供了票务预订和商品销售等基础服务，还拓展到会员管理、精准营销、综合服务等多个方面，成为旅游业数字化转型的重要支撑。其主要作用体现在以下方面。

1. 为消费者提供便捷的一站式服务，提升体验效率

用户可以通过平台轻松预订机票、酒店、旅游套餐等，节省了传统旅游预订中需要多次访问不同供应商的时间和精力。通过人工智能的深度学习技术，旅游电子商务平台能够分析用户的偏好、历史行程和实时需求，自动为用户生成定制化的旅游计划。这包括但不限于行程规划、景点推荐、餐饮住宿预订等全方位服务，让用户真正实现"所想即所得"的旅游体验。

2. 强化市场推广能力，激活旅游市场需求

借助社交媒体、搜索引擎优化（SEO）和在线广告等手段，旅游电子商务平台能够帮助企业使旅游产品和服务触达更广泛的受众。这种精准的市场定位和推广策略，不仅增加了旅游产品的曝光率，也为消费者提供了更多元化的选择。旅游电子商务平台拥有非常强大的市场推广能力，能够通过互联网技术为旅游产品和服务提供广泛的宣传和营销支持。

3. 推动旅游业可持续发展，平衡经济效益与生态保护

通过推广环保旅游、生态旅游等理念，旅游电子商务平台能够引导消费者选择更加绿色、环保的旅游方式。同时，平台还能够与当地社区合作，支持当地经济的发展，帮助旅游目的地实现长期、可持续的经济增长。

4. 打破语言和文化障碍，促进旅游市场全球化

随着旅游电子商务平台的兴起，它们通过提供多种语言的服务和精心设计的本地化内容，成功地跨越了语言和文化的界限。旅游电子商务平台不仅为来自世界各地的旅行者提供了便利，还吸引了全球范围内的用户，使得旅游体验更加丰富多彩和个性化。无论是通过网站界面的多语言选择，还是通过定制化的旅游建议和信息，旅游电子商务平台都在努力满足不同文化背景用户的独特需求，加速了旅游市场的国际化进程，促进了不同文化背景下的旅游交流。

5. 提升交易的透明度和安全性，构建行业信任机制

旅游电子商务平台通过区块链技术，提升了交易的透明度和安全性。区块链技术具有去中心化、不可篡改等特点，能够为旅游交易提供可靠的信任机制。通过区块链技术，用户可以在平台上清晰地查看交易的各个环节，确保自己的权益得到保障。

6. 跨界融合创新，拓展旅游业发展边界

旅游电子商务平台通过将旅游与金融科技、健康医疗、文化创意等领域的融合，为用户带来更加丰富、多元的旅游体验。同时，随着5G、物联网等技术的不断成熟和应用，旅游电子商务平台还将进一步拓展其服务边界，为消费者带来更加便捷、高效的旅游服务。

旅游电子商务平台在旅游业中的作用日益凸显，其发展前景广阔。随着技术的不断进步和市场的不断成熟，旅游电子商务平台将继续推动旅游业的创新发展，为用户带来更加

美好的旅游体验。当然，随着旅游电子商务平台的持续升级，它们还将在提升旅游服务质量、促进文化交流与理解、推动旅游目的地的可持续发展等方面发挥着重要作用。

三、任务训练

实训一 "旅游电子商务平台"大家谈

【实训目的】

理解发展旅游电子商务平台的内涵，并能用自己的语言准确表达；深入领会旅游电子商务平台对旅游业发展的重要性。

【实训步骤】

（1）4~6人为一组，全班同学分成若干小组；

（2）以小组为单位，每人用自己的语言简明扼要地阐述什么是旅游电子商务平台；

（3）以小组为单位，每人说出1~2点自己对旅游电子商务平台对旅游业发展的重要性的理解；

（4）每组选派代表上台做交流发言。

【实训要求】

在实训步骤（2）中，要求语句内容完整、表达清晰；在实训步骤（3）中，要求结合当今旅游业发展趋势来阐述旅游电子商务平台对旅游业发展的意义；小组代表总结发言时，应对小组活动情况做真实且具有较强总结性的概括。

【实训评价】

评价指标	自我评价	小组评价	教师评价
参与度			
准确度			
完整性			
成效性			

实训二 旅游电子商务平台服务旅游业的案例收集

【实训目的】

通过收集旅游电子商务平台服务旅游业案例，加强对旅游电子商务平台意义的理解，加深对旅游电子商务平台的重要性的了解。

【实训步骤】

（1）4~6人为一组，全班同学分成若干小组；

（2）小组成员分别通过网络收集整理一个旅游电子商务平台服务旅游业的案例；

（3）以小组为单位，讨论所收集案例中旅游电子商务平台服务旅游业的内容及其对旅游电子商务平台服务对发展旅游业的影响；

（4）每组选派代表上台做交流发言；

（5）挑选优秀案例在课程网络学习平台上展示。

【实训要求】

收集典型的旅游电子商务平台服务旅游业案例,案例要体现较强的时效性;能够联系相关知识,分析案例体现的旅游电子商务平台服务旅游业的意义及内容。

【实训评价】

评价指标	自我评价	小组评价	教师评价
参与度			
准确度			
完整性			
成效性			

四、课外拓展

(一)拓展阅读

旅行社网站经营模式

通过对国内旅行社网站的调研分析,可以将旅行社网站经营模式划分为以下四种:"水泥"模式、"水泥+鼠标"模式、"鼠标"模式和"纯鼠标"模式。

1. "水泥"模式

该模式主要采取块状管理模式,信息化程度很低,虽然建立了自己的企业网站,业务仍离不开手工操作。使用该模式的旅行社基本上是附属于大型旅游企业的分销商,企业内部的信息管理系统建设不足。

2. "水泥+鼠标"模式

该模式主要指旅行社搭建旅游网站,将酒店预订、机票预订、"酒店+机票"商务套餐预订、自由行服务、签证代办、用车服务、旅游线路定制等业务线上化。该模式将网站作为企业运营的重要载体,从整体运作出发,既通过网络推广企业及产品,又追求盈利目标:旅行社在网上塑造品牌形象,同时把酒店预订、线路设计与预订、机票预订等业务迁移至线上吸引游客。该模式的盈利一方面来自网站直接收益,如预订服务佣金等;另一方面通过线上流量带动旅游部门线下业务收入,形成线上线下融合的运营与盈利模式。

3. "鼠标"模式

"鼠标"模式是在"水泥+鼠标"模式基础上,由旅行社依托互联网、内联网技术构建的数字化运营体系,通过线上信息平台与交易平台的融合,实现信息管理电子化与网络经营管理。该模式以网上实时电子支付交易为核心盈利点,在信息化、网络化、电子商务及电子支付技术支撑下,不仅能实现旅行社电子商务经营管理,还可与传统旅行社业务对接,甚至革新传统旅游产品经营模式,拓展经营范围。以春秋旅行社为例,借助其全国销售网络与IT平台,自主开发销售及离港系统,成功打造国内首家自建售票与离港系统的航空企业,凸显"鼠标"模式对旅游服务流程的数字化重构与业务边界的突破。

4. "纯鼠标"模式

使用"纯鼠标"模式的旅行社在业务形态上趋于提供网络技术与内容服务的IT企业,通过整合自身与其他旅游供应商的产品和服务,重组线上资源(如产品推介、促销营销、游客免费咨询互动、企业论坛等),实现成本降低、效益提升与新市场开拓。该模式依托互联网、内联网及外联网搭建电子商务平台，逐步部署ERP（企业资源计划）、CRM（客户关系管理）、SCM（供应链管理）系统，打破"信息孤岛"以实现信息集成。企业通过完善网上预订与在线支付功能实现盈利，而随着业务规模扩大，"纯鼠标"模式最终需走向线上线下融合，完成从中介服务向自主旅游产品交易的转型，以强化市场竞争力与服务闭环能力。

（资料来源：范志军主编《旅游电子商务实务（第2版）》，上海交通大学出版社，2019年11月）

（二）课后实践

通过网络或实地调研一家旅游企业的电子商务平台运营情况，了解其工作内容、岗位职责，并收集典型旅游电子商务平台运营案例。

任务二　旅游电子商务平台类型

任务描述

列举目前主要的旅游电子商务平台类型；区分不同的旅游电子商务平台的特点，并通过常见的在线旅游平台预订一些常规旅游项目。

学习目标

知识目标	能力目标	素养目标
1. 熟悉旅游电子商务平台的分类； 2. 了解不同旅游电子商务平台的参与主体和特点	1. 能够说出目前主要的旅游电子商务平台类型和参与主体； 2. 能够区分不同旅游电子商务平台的特点	1. 培养学生诚信、爱岗敬业的道德品质； 2. 培养学生严谨敬业的工作作风

一、案例导入

海口市旅文局联合五大在线旅游平台推出暑期专题游

2024年暑假到来，海口市旅文局联合飞猪、美团、携程、同程旅行、去哪儿等在线旅游平台以"海口真好玩，放肆玩一夏"为主题，上线海口旅游专题页，详细介绍了海口的旅游特色和景点分布，让游客沉浸式感受海口的独特魅力，如图2.1所示。

1. 夏日狂欢　青春造浪（飞猪）

飞猪海口旅游专题页以"夏日狂欢　青春造浪"为主题，特别推出了暑期酒店天降红包活动。在活动期间（2024年7月10日00:00至2024年8月31日23:00），部分精选酒店将享受红包补贴。

图 2.1 海口真好玩，放肆玩一夏

2. 海好有你 快乐当夏（美团）

美团平台上线了"海口吃喝玩乐地图"，该地图涵盖了海口市内高达 4000 家热门门店，并设有打卡解锁奖励活动。同时，专题页面还推介了三条精心设计的 72 小时自由行线路。除此之外，美团平台还实施了"万店齐打折"政策，涵盖门票、酒店、餐饮等多种类型的优惠套餐。每周三、五、六，还可参与"爆团团海口直播专场"，抢购更多优惠商品。

3. 享受旅游乐趣 畅享免税购物（携程）

7 月 1 日至 9 月 30 日期间，游客可通过携程 App 搜索"海口真好玩"等关键词进入活动会场。携程不仅推出了一系列暑期优惠活动，还特别打造了三条特色旅游线路，充分展示了海口的人文历史和自然风光。此外，携程还积极联动景区、酒店、免税店、旅行社等多家企业，推出了众多暑期优惠产品，如景区门票优惠、酒店"遛娃好价"、旅行社暑期特色线路等，让游客在享受旅游乐趣的同时，也能畅享免税购物的优惠。

4. 海岛奇遇 特惠出行（同程旅行）

7 月至 9 月，同程旅行海口暑期专题页设有暑期特惠出行、趣海口·薅免税、海岛奇遇、特色美食、毕业季/暑期定制游等八大板块，为游客提供便捷的旅游服务。在趣海口·薅免税和酒店推荐板块结合商户优惠活动，推出海口特有出行优惠、免税政策及现金补贴，让游客"惠"游海口。

5. 全场景联动 在海口过夏天（去哪儿）

去哪儿平台以"海口过夏天"为主题，特别推出"暑期早鸟季""毕业嗨玩款""限定椰城游"三大主题的海口特惠旅游产品，并定向发放暑期大学生惠游海口的专属红包。同时，去哪儿平台还上线了海口暑期旅游热力图，通过站内全场景联动狂欢的方式，为游客提供海口暑期旅游的官方推荐，让旅行更加精彩。

（资料来源：根据海南省旅游和文化广电体育厅政府网站资料整理）

思考：谈一谈你常见的各在线旅游平台属于旅游电子商务平台中的哪一种？有什么特点？

二、理论知识

知识点 1　旅游电子商务平台分类

旅游电子商务平台可以提供比较全面的信息，涵盖吃、住、行、游、购、娱等各个方面，消费者可以在平台上搜索自己所需要的旅游信息，进而完成一次完整的旅游预订。可以根据不同的平台建设主体，将旅游电子商务平台分为旅游企业自建电子商务平台和旅游中介电子商务平台。

知识点 2　旅游企业自建电子商务平台

旅游企业自建电子商务平台是指旅游企业或服务供应商（如酒店、航空公司、景区等）自主开发并运营的在线直销平台，直接面向消费者销售自有产品和服务，绕开第三方中介（如旅游电子商务、旅行社等），实现从产品展示、预订、支付到售后服务的全流程数字化管理。

这类旅游电子商务平台具有独立的域名，能够凸显旅游企业的品牌优势，专注于企业自身的核心资源，并可以自主掌控品牌形象、产品定价和用户数据，避免第三方平台的分销限制或佣金抽成，因此受到越来越多旅游企业的欢迎，如中国国航官网（见图2.2）、迪士尼乐园在线购票系统（见图2.3）均采用自建电子商务平台的运营模式。

旅游自建电子商务平台是企业在数字化时代掌握主动权、提升盈利能力的关键工具，尤其适合中大型企业或差异化品牌。尽管面临技术投入和流量挑战，但通过数据驱动运营、全渠道协同和用户体验创新，自建平台能够有效增强用户黏性，成为企业长期竞争力的核心组成部分。对于中小型企业，可考虑从"轻量级"方案（如小程序+社交媒体引流等），逐步向自建生态过渡。

图 2.2　中国国航官网首页

图2.3 迪士尼乐园在线购票系统

知识点3 旅游中介电子商务平台

旅游中介电子商务平台是指通过互联网技术连接旅游服务供应商（如酒店、航空公司、景区等）与消费者或其他企业的第三方平台，以中介角色促成交易并从中获取佣金或服务费。这类平台不直接提供旅游产品，而是通过整合资源、优化信息匹配和交易流程，提升行业效率。旅游中介电子商务平台根据服务内容的不同，可分为旅游垂直搜索电子商务平台和旅游综合性电子商务平台。

1. 旅游垂直搜索电子商务平台

旅游垂直搜索电子商务平台是指专注于旅游领域的搜索引擎平台，通过整合分散的旅游产品数据（如机票、酒店、景点门票等），为用户提供精准比价、实时查询和直接预订服务。其核心是"搜索+比价+交易"的一站式解决方案，帮助用户快速找到最优选项，从而帮助旅游者搜索到最有价值的旅游信息。常见的旅游垂直搜索电子商务平台有去哪儿（见图2.4）、tripAdvisor等。

旅游垂直搜索电子商务平台通过技术手段解决了旅游产品分散化与用户对高效获取信息、完成交易的需求间的矛盾，成为行业"价格发现"的重要工具。未来，随着AI和个性化服务的深化，这类平台可能进一步从比价工具升级为智能旅行规划助手，甚至通过数据垄断重构供应链话语权。对用户而言，垂直搜索是理性消费的利器；对行业而言，它既是价格竞争的催化剂，也是资源优化配置的推动者。

图2.4 去哪儿官网首页

2. 旅游综合性电子商务平台

旅游综合性电子商务平台是指覆盖全品类旅游产品和服务的一站式在线交易平台，整合"吃、住、行、游、购、娱"等旅游全产业链资源，通过互联网技术为用户提供从行程规划、产品预订、支付到售后服务的完整解决方案。其典型特征是业务范围广、资源聚合度高、服务链条长，是游客获取旅游信息和购买旅游产品的重要网络场所，是综合性的网络平台。常见的旅游综合性电子商务平台有携程、途牛网、同程旅行（见图2.5）等。

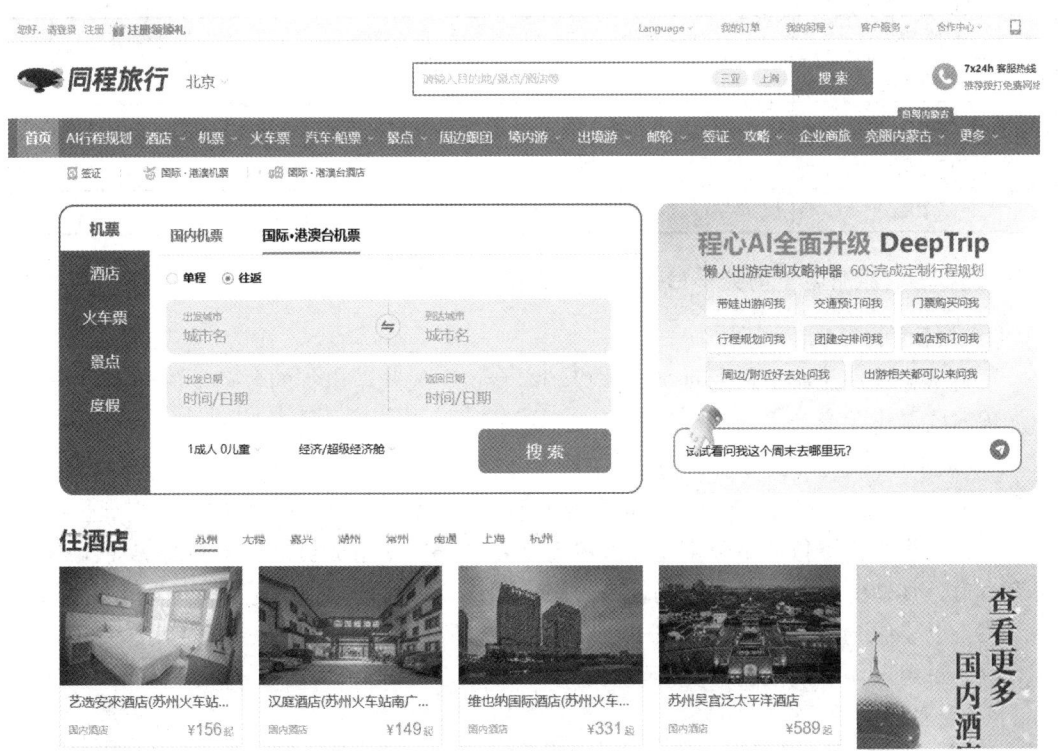

图2.5 同程旅行官网首页

旅游综合性电子商务平台通过数字化手段重构了传统旅游行业，既为消费者提供一站式服务，也为商家拓展了全球市场，是旅游产业升级的重要推动力。

三、任务训练

实训一 谈谈你用过的旅游电子商务平台

【实训目的】

回顾主要的旅游电子商务平台理论知识，根据自己的理解，对各平台的优劣势进行评价，能用自己的语言概括各平台的参与主体和特点。

【实训步骤】

（1）4~6人为一组，全班同学分成若干小组；

（2）以小组为单位，每组成员用自己的语言简明扼要地阐述不同旅游电子商务平台的参与主体和主要业务；

（3）以小组为单位，每组成员说出1~2次自己使用旅游电子商务平台的经历和感受；

（4）每组选派代表上台做交流发言。

【实训要求】

在实训步骤（2）中，要求语句内容完整、表达清晰；在实训步骤（3）中，要求结合自己经历来描述相关平台特点；小组代表总结发言时，应对小组活动情况做真实且具有较强总结性的概括。

【实训评价】

评价指标	自我评价	小组评价	教师评价
参与度			
准确度			
完整性			
成效性			

实训二 "旅游电子商务平台操作"大比拼

【实训目的】

了解常见在线旅游平台的种类，能以游客身份完成旅游出行的各项操作预订，通过实训加深对旅游电子商务平台的理解。

【实训步骤】

（1）4~6人为一组，全班同学分成若干小组，设置小组长和小组成员的实训任务；

（2）以小组为单位，下载常见在线旅游平台App，小组成员根据不同的实训任务，以游客身份分别体验在线旅游平台的机车船票、酒店、景区门票及其他旅游项目预订过程；

（3）以小组为单位，每人说出1~2点自己对所操作在线旅游平台的使用感受；

（4）每组选派代表上台做交流发言。

【实训要求】

在实训步骤（1）中，要确定好需预订的各个项目，以确保所有小组的任务一致；在实训步骤（2）中，小组间要提前沟通下载平台，不能重复，预订时可对重要步骤予以截图保存，方便小组间的对比和小组总结；在实训步骤（3）中，要求语句内容完整、表达清晰；小组代表总结发言时，应对小组活动情况做真实且具有较强总结性的概括。

【实训评价】

评价指标	自我评价	小组评价	教师评价
参与度			
准确度			
完整性			
成效性			

四、课外拓展

（一）拓展阅读

多个在线旅游平台及旅企接入 DeepSeek——攻略更"聪明"游客更尽兴

随着人工智能技术的快速发展，旅游业正迎来一场智能化变革。

近期，马蜂窝、飞猪、同程旅行等在线旅游平台相继宣布正式接入 DeepSeek（深度求索）大模型，通过智能搜索、个性化推荐、数据分析等多项 AI 功能，为用户提供更智能、更便捷的旅游服务体验；同时，黄山旅游、桂林旅游等企业也先后接入 DeepSeek 大模型。这意味着旅游业正朝着 AI 驱动的"智慧旅游"新时代迈进。

1. 从传统算法推荐到智能决策

中国城市报记者注意到，进入 2024 年 3 月，旅游业与 DeepSeek 融合进入加速阶段。

3 月初，飞猪"AI 行程助手"上线。该产品可秒级响应用户需求，帮助用户寻找灵感、规划行程、推荐玩法、挑选产品，生成可靠、详尽、富有趣味的个性化旅行方案，缩短用户在各处收集信息及整理攻略的时间。

飞猪方面透露，"AI 行程助手"将在短暂的灰度测试后面向全量用户开放。同时，一些新功能也将在 4 月前密集更新。目前，在飞猪 App 底部的行程栏中，部分用户点击"问一问"即可与"AI 行程助手"对话。以拟订杭州三日游规划为例，"AI 行程助手"捕捉到用户的旅行时长和场景后，开始推理：用户可能希望兼顾经典景点、文化体验和自然风光；要综合有用信息确保每天有不同主题；要提醒用户有哪些注意事项，例如哪些地方需提前预约或排队、景点附近是否有私家车限号政策等。推理分析后，"AI 行程助手"生成了包含详细的路线、时间安排和体验特色的杭州三日游规划，还附上了一份景点预约及出行交通方式提醒。

同程旅行也宣布，其自主研发的旅游专属大模型"程心 AI"正式完成与 DeepSeek 大模型的技术融合，推出"AI+实时预订"服务。其 App 面向首批 10 万用户开放智能行程规划及机酒预订功能，官方微信小程序同步启动 200 万用户首测。

借助 DeepSeek 大模型，以逻辑推理能力为核心，"程心 AI"将用户模糊需求转化为精准可执行的行程方案，并直接嵌入机票、酒店、景点门票的资源信息和预订系统，实现了从"AI 推荐"到"AI 决策执行+预订执行"的闭环。用户通过自然对话，可一站式完成行程规划、消费决策及最后的行程预订。

实际上，在更早之前，马蜂窝就已宣布其自主研发的 AI 智能应用正式接入 DeepSeek

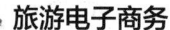

大模型，首阶段将优先应用于已上线发布的"AI游贵州""AI游黔西南""AI游西江"省市景区三级AI应用，进一步优化和提升贵州旅游服务的智能化水平。

"旅游是高成本的精神消费，所以游客对精准的旅游攻略、高质量的行程更加重视。"马蜂窝AI项目负责人表示，与DeepSeek的深度融合，不仅意味着AI能够为游客提供更精准、更个性化的方案，也标志着旅游业从传统算法推荐向可解释、可溯源的智能决策迈出关键一步。

2. 与AI"牵手"仍有环节亟待完善

DeepSeek等AI大模型的接入让动手能力强的游客对DIY（自己动手制作）旅游攻略更加得心应手。

"我之前尝试过使用这类人工智能搜索引擎做旅游攻略，再加上我自己的一些细节调整，去某个目的地仔仔细细、痛痛快快玩一趟问题不大。"旅游爱好者王晓钉告诉中国城市报记者，她并不完全依赖人工智能搜索引擎，其秘诀就是用AI大模型设计一个大概的线路，再结合自己在小红书上看到的旅行笔记做一些更适合自己的修改，一份百分百"私人订制"的旅游攻略就这样诞生了。

王晓钉这类喜欢DIY旅游攻略的游客不在少数，因此也有部分人担心，旅游业拥抱DeepSeek，计调（旅行社中负责旅游团队所用车辆、导游、饭店、酒店、景点等相关旅游要素协调、调度的工作人员）和导游未来是否会被替代？

"DeepSeek并不会完全替代计调和导游的工作。"林先平表示，这类人员承担的工作内容仍然需要人类的判断和情感交流，这是人工智能无法完全替代的。接入DeepSeek大模型可以帮助计调和导游更好地了解客户需求，提高工作效率和客户满意度。

此外，林先平称，DeepSeek和旅游业的嫁接还存在数据安全和隐私保护、技术稳定性和可靠性等方面的问题。"为了克服这些挑战，需要加强数据安全和隐私保护措施，确保数据不被泄露或滥用；需要不断优化技术，提高其稳定性和可靠性，以确保旅游业的正常运营，提升客户的满意度；还需要加强行业合作和交流，共同推动人工智能技术在旅游业的落地应用和发展。"林先平说。

（资料来源：根据中国城市报资料整理）

（二）课后实践

以小组为单位，选择一个你喜欢的旅游电子商务平台，收集该平台的资料，制作一份介绍该平台的PPT。

任务三　选择和加盟旅游电子商务平台

任务描述

理解并用自己的语言描述旅游电子商务平台通过哪些方式帮助中小型旅游企业发展。收集中小型旅游企业与旅游电子商务平台合作的案例，结合案例阐述中小型旅游企业与旅游电子商务平台合作的内容、流程及意义。

旅游电子商务平台选择 **项目二**

学习目标

知识目标	能力目标	素养目标
1. 了解主要的旅游电子商务平台； 2. 理解不同类型旅游企业对旅游电子商务平台的需求； 3. 掌握入驻旅游电子商务平台的内容及流程	1. 能够准确阐述旅游电子商务平台的重要意义； 2. 能够为不同旅游企业类型选择合适的旅游电子商务平台	1. 树立团队合作的意识； 2. 具备正确、专业的工作价值观和工作规范性

一、案例导入

山东文旅景区投资集团与携程达成战略合作　共建旅游目的地生态，打造高品质文旅产品

2024年1月10日，山东文旅景区投资集团与携程集团签署战略合作协议，双方将在产品建设、项目孵化、广告宣传等方面进行全方位合作。山东文旅景区投资集团党委书记、董事长朱爱军，山东文旅景区投资集团总经理陈莉，携程集团门票活动事业部中原大区总监殷航，携程集团门票活动事业部山东区域总经理赵滨等出席签约仪式。

山东文旅景区投资集团（简称景区集团）一直和携程集团在票务、营销等方面保持非常紧密的合作，此次战略协议的签署，将使景区集团与携程集团的合作全面升级，为景区集团2025年的发展注入新的活力和发展空间。双方将本着"资源整合、优势互补、合作共赢"的原则，在整合内容资源、渠道资源、宣传资源的基础上，开展深度交流与合作，提升产品质量、品牌质量和运营质量。

朱爱军表示，携程集团与景区集团拥有极高的品牌契合度，期待通过双方的合作，带来更大的市场效应，提升景区集团旅游产品增量和市场占有率，实现品牌效应叠加。殷航表示，携程集团将会整合平台流量、产品创新和IP项目等资源，与景区集团携手深耕口碑产品，做好项目共建，打造高质量产品，提升品牌影响力。

山东文旅景区投资集团隶属于山东文旅集团，专门从事景区景点、文旅商业街区（园区）、乡村旅游等旅游目的地及其关联产业的投资建设运营，景区集团旗下现有10家景区、1家5A级国际旅行社、2家汽车公司、1家手造平台运营公司和1家教育科技公司。携程集团是全球领先的一站式旅游服务平台，深耕旅游业23年，秉承"追求完美旅程、共建美好世界"的理念，一直致力于更好地为数亿用户提供优质的一站式旅行预订、服务体验，打造目的地旅游营销第一平台，努力推动在线旅游行业的快速发展。

活动现场，景区集团总经理陈莉和携程集团门票活动事业部山东区域总经理赵滨签署了《"共建旅游目的地生态，打造高品质文旅产品"战略合作协议》。

当前，一系列利好政策推动全国各地文旅市场高速发展，旅游消费也呈现逐步上升的趋势。随着旅游业的复苏，此次合作不仅为打造高舒适度、高品质、差异化的游玩体验做好了充分的准备，还为携手共建创意项目、推动精细化运营夯实基础。期待本次合作能够真正开启旅游市场新航路，重振消费信心，共迎旅游复苏、共创旅游高峰。

（资料来源："闪电新闻"公众号）

思考：旅游景区与旅游电子商务平台可通过哪些方式进行深度合作，实现旅游景区的

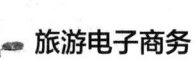

快速发展?

二、理论知识

知识点 1　常见的旅游电子商务平台

随着旅游业的数字化发展，各类旅游电子商务平台不断涌现，它们依托互联网技术，为用户提供从信息查询到产品预订的全流程服务，满足用户不同场景下的旅游需求。以下是一些常见的旅游电子商务平台介绍。

1. 携程

携程是中国最大的综合性旅游电子商务平台之一，提供机票、酒店、旅游度假、火车票、门票等多种在线预订服务。携程以其丰富的产品种类、便捷的预订流程和良好的用户体验著称。用户可以在携程上轻松搜索各种旅游产品，并根据自己的需求进行比较和选择。此外，携程还提供旅游攻略、用户评价等信息，帮助用户更好地规划旅行。

2. 飞猪

飞猪是阿里巴巴集团旗下的在线旅行平台，提供机票、酒店、火车票、汽车票、旅游度假、签证等服务。飞猪以大数据和智能化技术为支撑，为用户提供个性化的旅游产品推荐。用户在飞猪上可以享受便捷的预订体验，同时还可以参与各种优惠活动来节省旅行成本。

3. 同程旅行

同程旅行的主体是同程艺龙，其是中国在线旅行行业的创新者和领先者。同程旅行由同程集团旗下同程网络与艺龙旅行网于2018年3月合并而成。同程艺龙致力于打造在线旅行一站式平台，业务涵盖交通票务预订（机票、火车票、汽车票、船票等）、在线住宿预订、景点门票预订，以及多个出行场景的增值服务，用户规模超过2亿。2020年4月22日，同程艺龙推出了全新的服务品牌"同程旅行"，启用了新的品牌标识和品牌口号"再出发，就同程"，希望用更年轻的方式服务更多的用户。

4. 去哪儿

去哪儿是一家提供机票、酒店、火车票、汽车票、旅游度假等在线预订服务的旅游电子商务平台。去哪儿以比价搜索为核心，帮助用户找到性价比最高的旅游产品。用户可以在去哪儿上轻松比较不同旅游产品的价格和评价，从而做出合适的选择。

5. 马蜂窝

马蜂窝是一个以旅游攻略和社区为核心的旅游电子商务平台，提供机票、酒店、旅游度假、门票等预订服务。马蜂窝以用户生成的旅游攻略和游记为特色，为用户提供实用的旅游信息。用户可以在马蜂窝上找到各种详细的旅游攻略和游记，帮助他们更好地规划旅行。

知识点 2　旅游电子商务平台的选择

1. 平台定位与自身业务的匹配度

旅游电子商务平台覆盖了从在线预订、旅游攻略分享到旅游社区交流等多方面的服务。旅游企业需要根据自身的产品特性、目标市场和资源能力，选择最合适的平台入驻。

例如，如果旅游企业专注于高端定制旅游服务，那么选择一个面向中高端市场的平台将更有助于其业务的推广和品牌的塑造。

2．用户规模与活跃度

旅游电子商务平台的用户规模与活跃度成为衡量其成功与否的关键指标。用户规模反映了平台的市场覆盖范围。一个拥有庞大用户规模的平台能够帮助企业更快地触达更广泛的潜在消费者，这对提升品牌知名度和扩大市场份额至关重要。用户活跃度高的平台能够为企业提供更多的市场反馈。这些反馈可以帮助企业了解消费者需求，让企业可以及时调整产品策略，优化用户体验，提高用户满意度。

3．用户评价与口碑

用户评价是潜在消费者了解平台服务质量和商品品质的重要途径。好的用户评价和口碑可以增强潜在消费者的信任感，提高平台的信誉度。用户评价也可以反映平台的市场定位是否准确，以及是否吸引了目标客户群。通过分析评价内容，旅行社可以判断平台是否适合自己的产品和服务。良好的口碑是塑造品牌形象的重要手段。一个在用户中有良好口碑的平台，能够吸引更多的商家入驻，形成良性循环。用户评价与口碑是平台服务质量的主要表现方式，用户评价与口碑良好的平台能够提升旅行社的品牌形象和客户的信任度。

4．平台政策及入驻条件

旅游电子商务平台通常受到文化和旅游部、工商行政管理部门及网络监管部门的多重监管。旅行社必须严格遵守相关法律法规。了解这些政策有助于企业避免因违规操作而受到法律制裁或平台处罚，确保业务的平稳运行。不同的旅游电子商务平台可能会有不同的收费标准和服务条款。例如，一些平台可能会对每笔交易收取一定比例的手续费，而另一些平台则可能提供免费入驻但要求企业购买广告位。了解这些细节有助于企业进行成本预算和控制，避免不必要的开支。

知识点3　旅游电子商务平台的加盟要求

1．资质证件方面

（1）营业执照：提供有效的营业执照副本，且经营范围需包含旅游相关业务。

（2）许可证件：如旅行社需具备旅行社业务经营许可证；酒店可能需要卫生许可证、消防检查合格证、特种行业经营许可证等。

（3）其他证明：若是酒店品牌连锁需提供授权文件；民宿需提供房屋产权证明；若涉及景区门票代理等，可能需要提交相关景区的授权文件等。

2．企业信息方面

（1）基本信息：包括企业名称、详细地址、联系电话、邮箱、企业简介等。

（2）联系人信息：填写联系人姓名、电话、邮箱等，确保能及时接收平台通知。

（3）财务信息：提供结算账户信息，如账户名称、银行账号、开户银行等；若涉及发票，还需提供发票抬头、纳税人识别号等开票信息。

3．产品和服务方面

（1）产品信息。

① 旅游线路：如果是旅行社，需详细描述旅游线路的行程安排、景点介绍、交通方式、住宿安排、用餐情况等，还需明确价格、团期、人数限制等。

②酒店：需提供酒店的房型信息，包括房型名称、面积、床型、可住人数、窗户情况、加床信息、宽带情况、房间设施设备、房型描述、房价、早餐份数、取消政策等。

③其他产品：如机票、门票等，要准确提供票种、价格、使用规则等信息。

（2）服务信息。

①服务标准和承诺：明确企业提供的服务标准和承诺，如退改政策、售后服务等。

②服务质量：需保证服务质量符合平台的相关规定和要求，以满足消费者的需求。

4. 图片资料方面

（1）企业形象图片：如酒店的外观图片（带有酒店招牌）、独立的前台图片；旅行社的门店图片等。

（2）产品图片：如旅游线路中各景点的代表性图片；酒店的客房、餐厅、健身房、游泳池等设施的图片；景区的风景图片等。要求清晰、美观、真实，能够准确展示产品的特点和优势。

5. 其他方面

（1）保证金：通常需按照平台规定缴纳一定数额的保证金，用于保证企业能够履行在平台上做出的承诺和服务，如出现违规行为，平台可能会扣除其保证金。

（2）平台规则遵守：入驻企业需要遵守平台的各项管理规定，包括数据和隐私保护规定、不得利用平台信息进行不正当竞争等。同时，要与平台约定订单分成比例、结算周期等，并确定争议解决机制。

（3）培训与认证：部分平台可能要求入驻企业参加相关的培训课程，了解平台的运营规则和操作流程；有些平台还可能对企业进行认证，如信誉认证等，以提高企业在平台上的可信度。

三、任务训练

实训一 "旅游电子商务平台"我来说

【实训目的】

理解旅游电子商务平台与中小型旅游企业合作发展的内涵，并能用自己的语言准确表达；深入领会旅游电子商务平台对中小型旅游企业发展的重要性。

【实训步骤】

（1）4～6人为一组，全班同学分成若干小组；

（2）以小组为单位，每人用自己的语言简明扼要地阐述旅游电子商务平台与中小型旅游企业的合作发展方式；

（3）以小组为单位，每人说出1～2点自己对旅游电子商务平台对中小型旅游企业发展的重要性的理解；

（4）每组选派代表上台做交流发言。

【实训要求】

在实训步骤（2）中，要求语句内容完整、表达清晰；在实训步骤（3）中，要求结合旅游企业的定位来谈加入旅游电子商务平台的意义；小组代表总结发言时，应对小组活动情况做真实且具有较强总结性的概括。

【实训评价】

评价指标	自我评价	小组评价	教师评价
参与度			
准确度			
完整性			
成效性			

实训二　中小型旅游企业与旅游电子商务平台合作的案例收集

【实训目的】

通过收集中小型旅游企业与旅游电子商务平台合作的案例，加强对旅游电子商务平台重要性的理解，加深对中小型旅游企业与旅游电子商务平台合作的了解。

【实训步骤】

（1）4~6人为一组，全班同学分成若干小组；

（2）小组成员分别通过网络收集整理一个中小型旅游企业与旅游电子商务平台合作的案例；

（3）以小组为单位，讨论所收集案例中旅游电子商务平台对中小型旅游企业经营的影响；

（4）每组选派代表上台做交流发言；

（5）挑选优秀案例在课程网络学习平台上展示。

【实训要求】

收集典型的中小型旅游企业与旅游电子商务平台合作的案例，案例要体现较强的时效性；能够联系相关知识，分析案例体现的中小型旅游企业与旅游电子商务平台合作的意义及内容。

【实训评价】

评价指标	自我评价	小组评价	教师评价
参与度			
准确度			
完整性			
成效性			

四、课外拓展

（一）拓展阅读

旅游电子商务平台的技术支撑

技术是旅游电子商务平台运营成功与否的关键因素。低代码开发、大数据分析、人工智能和云计算等前沿技术为平台的建设和运营提供了强有力的支撑，确保了平台的高效运转和创新发展。

1. 人工智能技术

人工智能技术在"互联网+数字文旅"中发挥着重要作用。通过人工智能技术，旅游电子商务平台可以分析用户的浏览历史、搜索行为和偏好，从而为用户提供个性化的旅游推荐和定制化的行程规划。利用自然语言处理技术，平台可以实现智能客服，通过语音识别和自动问答系统，可以为用户提供实时的旅游咨询和服务。此外，人工智能技术还可以应用于智能导游，通过机器人导游或语音助手，为用户提供详细的景点介绍和历史文化解说，提升旅游体验的深度和个性化。

2. 大数据技术

大数据技术在"互联网+数字文旅"中扮演着重要角色。旅游电子商务平台通过数据分析，可以深入了解用户的行为模式和偏好，从而为用户提供更加精准的推荐服务。同时，大数据技术还可以应用于旅游业的市场预测和产品设计，通过对海量数据的挖掘和分析，发现用户需求和市场趋势，为企业决策提供数据支持。此外，大数据技术还可以应用于智能化的定价策略和资源调度，通过实时数据分析和预测，优化旅游资源的利用效率和市场运营效果。

3. 区块链技术

区块链技术在"互联网+数字文旅"中也具有潜在的应用前景。区块链技术可以用于旅游业的信任机制和交易安全。在旅游预订和支付方面，区块链技术可以实现交易的去中心化和安全验证，避免信息篡改和交易纠纷。此外，区块链技术还可以应用于旅游行业的供应链管理和产品溯源，保障旅游产品的质量和真实性，提升消费者的信任度和满意度。

4. 虚拟现实和增强现实技术

虚拟现实和增强现实技术为"互联网+数字文旅"提供了更加沉浸式的体验。通过虚拟现实技术，游客可以在虚拟空间中体验旅游目的地的景点和文化，从而提前感受目的地的风土人情和特色文化。增强现实技术可以为用户提供更加丰富和沉浸式的景区导览和文化体验，通过手机或增强现实设备，用户可以在真实景点上叠加虚拟信息和互动体验，增强游览的趣味性和吸引力。

"互联网+数字文旅"在技术角度上的应用，通过人工智能、大数据、区块链、虚拟现实和增强现实技术的整合，为旅游业带来了全新的可能性，提升了用户的旅游体验，提供了更具个性化的服务，同时也为旅游企业提供了更精准的营销和运营手段，促进了全行业的数字化转型和提升。未来，随着技术的不断创新和完善，"互联网+数字文旅"将会在技术领域迎来更多的突破和发展，为旅游业带来更多的机遇和挑战。

（资料来源：根据网络资料整理）

(二) 课后实践

通过网络或实地调研一家中小型旅游企业的旅游电子商务平台运营情况，了解该企业主要的客源渠道、收入来源、人员分工等，收集典型中小型旅游企业与旅游电子商务平台合作的案例。

项目自测

一、名词解释

1．电子商务平台
2．旅游电子商务平台

二、简答题

1．简述旅游电子商务平台在旅游行业中的作用。
2．简述常见的旅游电子商务平台。
3．简述旅行社如何选择合适的旅游电子商务平台。
4．简述旅游电子商务平台对中小型旅游企业发展的重要性。

项目三
旅游电子商务网站建设

项目知识思维导图

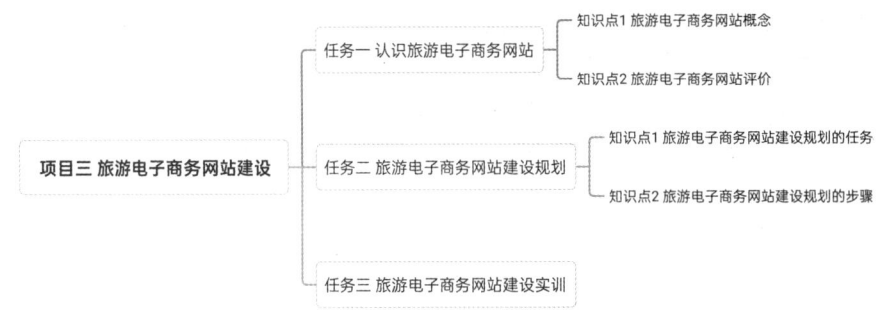

任务一　认识旅游电子商务网站

任务描述

通过案例分析，理解什么是旅游电子商务网站，并通过讲授和实训使学生熟悉旅游电子商务网站的概念。除此之外，还需掌握旅游电子商务网站评价方法，从而了解网站价值，比较网站优劣，指导网站建设。

学习目标

知识目标	能力目标	素养目标
1．了解旅游电子商务网站的概念； 2．掌握旅游电子商务网站评价方法	能够使用旅游电子商务网站评价方法对旅游电子商务网站进行评价	1．培养学生认真、勤奋、严谨的工作作风； 2．融入习近平新时代中国特色社会主义思想，在旅游电子商务网站建设中展示文化传承与创新； 3．贯彻党的二十大精神，坚持共享发展，提供全面的旅游信息服务

一、案例导入

什么是旅游电子商务网站

携程是一个在线票务服务公司，创立于 1999 年，总部设在上海。携程拥有国内外六十余万家会员酒店可供预订，是中国领先的酒店预订服务中心。图 3.1 是携程官网首页。你使用过这个网站吗？请评价一下这个网站。

思考：我们可从哪些角度去评价旅游电子商务网站呢？

图 3.1　携程官网首页

二、理论知识

知识点 1　旅游电子商务网站概念

目前，关于旅游电子商务网站没有统一的定义，不同的学者定义不同。

周春林（2020）认为，旅游电子商务网站就是利用先进的计算机网络及通信技术和电子商务的基础环境，整合旅游企业的内部和外部的资源，扩大旅游信息的传播和推广，实现旅游产品的在线发布和销售，为旅游者与旅游企业之间提供一个信息共享、增进交流与交互的网络化平台。

概括来讲，旅游电子商务网站是指能够对旅游产品和服务进行查询、预订或购买的 Web 站点。

《第 48 次中国互联网络发展状况统计报告》显示，截至 2021 年 6 月，我国网民使用手机上网的比例达 99.6%，手机在我们的生活中有着非常重要的地位；早在 2014 年初，马蜂窝、携程、飞猪等旅游电子商务网站手机端总浏览量已经超过电脑端。

旅游电子商务网站一般涵盖电脑端网站、移动端网站、App、小程序等多种类型。其中，电脑端网站是基于 PC 设备开发的网页，具备大屏幕信息展示、多任务处理等特性，用户可通过浏览器访问并使用全功能预订、行程管理等服务；移动端网站是专门针对手机等移动设备，基于其屏幕尺寸、操作特点和网络环境进行设计开发的网页，用户可通过手机浏览器访问；App 则是安装在手机上的应用程序，使用前需下载安装文件，下载时需区分手机系统，从对应应用商店获取；小程序则是依托微信、支付宝等平台运行，无需下载安装即可使用的轻量化应用。

知识点 2　旅游电子商务网站评价

1. 网站评价

（1）网站评价概念。网站评价，是指在网络计量学、评价学等学科理论指导下，综合运用网络调查、链接分析、数据分析等方法，对网站的内容质量、功能设计、技术性能、运营效果等多方面进行系统分析与综合评估，从而对网站做出客观描述、价值判断，并提出改进建议的认识活动。其核心目的在于衡量网站的优劣，为网站优化、决策制定提供依据，以提升网站的整体水平和服务能力。

（2）电子商务网站评价。电子商务网站评价属于网站评价的特定领域，是了解电子商务网站商业价值、比较同类网站竞争优劣、指导网站建设与运营的重要依据和手段。它与一般网站评价相比既有共性，即都遵循基本的评价理论和方法，又因电子商务的商业属性，在评价指标上更侧重交易流程、商品展示、支付安全、用户转化率等方面。

电子商务网站的评价发展由简至繁、从低阶向高阶演进。早期关注页面设计规范性，如布局、视觉效果与加载速度；随后基于运营数据，通过流量、销售等指标量化分析运营效率与效益；如今更注重用户体验与综合评估，涵盖购物便捷性、交互体验、售后满意度等方面，结合技术性能与市场竞争力，旨在打造更贴合用户需求、竞争力更强的网站。

（3）旅游电子商务网站评价。自 20 世纪 90 年代商业网络兴起后，越来越多的旅游企业开始应用电子商务来实现组织目标，拥有一个有效的网页逐渐成为加强游客关系和获取更大市场份额的关键。在这样的背景下，人们开始从不同角度对旅游电子商务网站进行评价，包括对其有效性、营销效果及从用户感知角度等方面的评价。

2. 旅游电子商务网站评价方法

（1）电子商务网站评价方法。现有研究中有众多网站评价方法的分类标准，如蒋永新和阚杰认为网站评价方法可以分为主观评价方法和客观评价方法；Jungpil Hahn 和 Robert J.Kauffman 认为传统的网站评价方法包括用户调查、软件测试和专家评议 3 种类型。而张小栓等（2007）则将电子商务网站评价方法分为 3 种类别 9 种方法，具体如表 3.1 所示。

表 3.1　张小栓等（2007）电子商务网站评价方法

类别	编号	方法名称	数据来源	主要步骤和核心技术	结果性质	方法性质	理论基础
软件测量统计	1	网站跟踪统计	现有访客群体行为数据	采用 Google Analytics 等工具监测访问量、用户来源、页面浏览路径等，分析用户行为模式	反映网站流量指标与用户访问动态	软件监测	用户行为理论、统计学
	2	软件实时测试	计算机虚拟用户模拟测试	使用 LoadRunner 等专业软件模拟用户操作，测试网站点响应速度、链接有效性、程序错误率等技术性能	反映网站服务器性能与技术稳定性	软件监测	软件工程、性能测试理论
	3	网络计量学	网站群体链接结构与内容数据	通过链接分析工具（如 WOS）计算网络影响因子（WIF）、网页被引频次等，评估网站在网络中的影响力与权威性	反映网站的网络学术影响力与行业关注度	软件统计	文献计量学、网络科学

续表

类别	编号	方法名称	数据来源	主要步骤和核心技术	结果性质	方法性质	理论基础
数据分析	4	服务器日志文件数据挖掘	Web服务器原始日志文件	运用Python/Java数据挖掘算法，从日志中提取用户访问IP、时间戳、点击流等数据，预测用户行为趋势与系统优化方向	技术层面：服务器负载分析；管理层面：用户转化预测	数据挖掘	机器学习、数据挖掘理论
数据分析	5	商业价值驱动型评价方法	消费者交易与行为记录数据	基于数据包络分析（DEA）模型，构建"用户功能投入（如页面访问时长）-产出（如购买转化率）"效率评价体系，识别无效功能模块	经济学视角下的功能投入产出效率评估	数据包络分析	微观经济学、效率评价理论
指标体系	6	系统综合评价	多维度指标数据（技术+内容+服务）	构建包含网站可用性、信息质量、服务体验等维度的指标体系，采用层次分析法（AHP）设置权重，计算总体评分	对网站进行全方位综合性评估	系统评价理论	系统工程、综合评价方法
指标体系	7	信息构建方法（IA）	专家评分与用户调查问卷数据	基于信息架构理论，对网站导航结构、内容组织、标签系统等进行评估，通过权重设置来量化功能模块的易用性与合理性	针对网站信息架构设计的专业性评价	信息架构理论	人机交互、用户体验设计
指标体系	8	WebQual评价	WebQual标准调查问卷数据	依据SERVQUAL服务质量理论，通过22项标准化问题（如可靠性、响应性）收集用户反馈，计算网站服务质量各维度得分	标准化的服务质量量化评价	服务质量理论	市场营销、客户满意度理论
指标体系	9	消费者行为问卷评价	消费者调研问卷原始数据	运用李克特量表收集用户对网站界面、功能、交易安全性的满意度评价，结合消费者行为理论分析购买决策的影响因素	定性与定量相结合的客户满意度评估	消费者行为学	心理学、市场调研方法

（2）旅游电子商务网站评价方法。旅游电子商务网站评价领域的研究成果丰富，研究对象广泛，涵盖旅行社、酒店、目的地营销组织网站、航空公司网站、在线旅游指南网站、旅游搜索引擎及旅游博客等多种类型。其研究内容多元，涉及旅游网站网络营销效果评价、功能评价、成功因素评价、旅游者满意度评价及综合评价等维度。一般旅游电子商务网站的评价方法可分为定性评价方法和定量评价方法两种。

旅游电子商务网站定性评价方法是指通过对旅游电子商务网站的非量化特征进行分析和判断，从而对其整体质量、用户体验等方面进行评价的方法。一般从内容评价、用户体验设计和服务质量三方面入手。以旅行社网站为例，内容评价聚焦网站信息，用户体验设计侧重网站界面，服务质量着重网站互动功能，如图3.2所示。

旅游电子商务网站定量评价方法主要通过数据收集、指标体系构建和数据分析等手段，对旅游网站的质量、用户体验和服务质量进行量化评估。以下是一些常见的定量评价方法：问卷调查与量表、数据分析与挖掘、模型应用（如ACSI模型）、目标价值系统评估等方法。例如，数据分析法会通过收集和分析用户在旅游网站上的行为数据，如页面浏览量、停留时间、点击率、转化率等，来评估网站的用户体验和营销效果。

```
保证用户个人信息安全                                    能迅速地搜索进入网站
提供个性化/定制化服务                                    持续处于可访问状态
提供用户与旅行社的在线交流平台    指标1    旅行社网站界面    响应迅速
快速处理用户的要求与问题                                结构合理、导航明确
提供用户之间的在线交流平台                              检索功能强，便于查找信息
提供便捷安全的在线交易                                  链接内容丰富有效
                                                        界面设计具有吸引力

                        指标3    指标2    旅行社网站信息    旅行社基本信息
                                                        旅游线路介绍
                        旅行社网站                      产品推荐
                        互动功能                        机票查询
                                                        旅游目的地介绍
                                                        旅游优惠介绍
                                                        旅游资讯
```

图 3.2　旅行社网站定性评价指标

三、任务训练

实训　"旅游电子商务网站"我来评

【实训目的】

掌握旅游电子商务网站的评价方法。

【实训步骤】

（1）4～6 人为一组，全班同学分成若干小组；

（2）以小组为单位，每组选择一个旅游电子商务平台的网站或者 App，进行定性评价，撰写评价报告。

【实训要求】

在实训步骤（2）中，要求小组选择的网站具有代表性，并且小组对如何评价旅游电子商务网站要进行合理的规划。

【实训评价】

评价指标	自我评价	小组评价	教师评价
参与度			
规划性			
代表性			
完整性			

四、课外拓展

（一）拓展阅读

全流程服务标准化体系赋能旅行社文旅融合新发展

——广州广之旅国际旅行社股份有限公司标准化示范典型经验

党的二十大报告提出"高质量发展是全面建设社会主义现代化国家的首要任务"，并强调"完善科技创新体系""加快实施创新驱动发展战略"。标准化作为科技创新和产业升级的重要支撑，能够通过高标准引领质量提升，推动产业向中高端迈进。《国家标准化发展

纲要》提出，到2025年要实现"全域标准化深度发展"，显著提升标准化服务经济社会发展的能力；到2035年，全面建成"结构优化、先进合理、国际兼容"的标准体系，构建更加高效、普惠的标准化服务体系。在此背景下，广州广之旅国际旅行社股份有限公司标准化示范典型经验的推广，对贯彻落实党的二十大精神、推动旅游业高质量发展具有重要意义。

为贯彻落实党的二十大精神与《国家标准化发展纲要》，巩固全国旅游标准化试点示范工作成果，进一步推动文化和旅游标准化工作规范发展、提质增效，文化和旅游部于2023年组织开展全国文化和旅游标准化示范典型经验征集工作。经申报、推荐、评审公示等环节，最终遴选出20项典型示范经验。其中，广之旅申报的《全流程服务标准化体系赋能旅行社文旅融合新发展》，在广东省旅游标准化技术委员会指导和广东省文化和旅游厅推荐下脱颖而出，成为广东省唯一入选案例。

广州广之旅国际旅行社股份有限公司（简称广之旅）全流程服务标准化体系的主要经验如下。

1. 以标准化赋能创新升级

在"以文塑旅、以旅彰文"理念指引下，广之旅坚持通过标准化管理，打造富有文化内涵和人文温度的产品与服务。近年来，公司紧扣以国内大循环为主体、国内国际双循环相互促进的新发展格局，深入挖掘文旅融合产品的客户需求与特色，创新制定"民族华章""智趣营"等系列产品。在研发、设计、宣传、服务等环节的操作标准与服务规范，力求提升产品价值、满足游客期待。

以"民族华章"系列为例，新标准精准定位产品特色，深度挖掘中国56个民族的文化元素，打造文化精品线路。新标准明确要求产品必须包含民族服装换装体验、至少安排一餐民族特色餐，并规定导游讲解需侧重民族文化细节。该系列产品自2022年5月推出后，到2023年底，实现营收超7000万元，游客满意率超98%，有效推动产品创新与市场竞争力提升。

2. 以标准化引领行业发展

广之旅充分发挥行业引领作用，将标准化建设融入质量管理与产品创新。公司借助广东省旅游标准化技术委员会专家力量，积极参与《旅行社出境旅游服务规范》（GB/T 31386—2015）等9项国家标准、行业标准、地方标准及团体标准的修订工作，为规范旅游行业发展、推动高质量建设提供有力支撑。

3. 以标准化驱动数字化发展

广之旅自主研发大数据技术，完成数据中台基础设施建设，成功申请"旅游行业用户画像构造方法、装置和计算机设备"专利。公司构建"易起行"智慧旅游服务平台，通过80多个维度、300多个指标精准分析用户需求，基于千万级客户数据建立RFM客群分类模型，实现产品定向匹配会员精准度超90%。同时，公司推出"易起购""行走网"等平台，助力农旅融合与旅游产业链整合，在华南旅行社同业中的市场占有率位居前列。

4. 以标准化优化供给结构

广之旅推出"团队旅游全维度服务评价体系"，围绕"吃、住、行、游"4大维度，建立涵盖8大指标的量化评价与标准化管理体系。该体系通过向消费者展示标准化产品设计与服务预期，有效改善旅游市场低价竞争环境，提升中高端产品市场占比，中高端产品市场占比已从2019年的58%提升至2022年的71%。

5. 以标准化提升企业效能

广之旅持续完善企业标准化建设，构建通用基础、服务提供、服务保障三大标准体系。公司整合 63 份国家标准法规、115 份公司制度及 93 份部门文件，建立全方位企业标准体系及动态改进机制；2000 年引入"ISO9001 质量管理体系"，规范企业核心业务流程；率先导入 CI（企业形象识别系统），加强品牌管理，目前企业品牌区域知名度超 75%，品牌影响力辐射全国、走向世界。

6. 以标准化提升国际视角

在出入境业务中，广之旅积极传播中华优秀传统文化，践行文明旅游理念。自 2012 年起，公司持续发布社会责任报告，通过《参团告知书》宣传文明旅游与环保理念。同时，公司执行标准化供应商评价体系，签订中英版《廉洁协议书》，并将 ESG 理念融入企业战略，与国际企业合作推动可持续旅游服务发展。

7. 以标准化丰富产品业态

围绕"乡村振兴"国家战略，广之旅建立"三路九步"农旅融合质量管理模式。一方面，构建"市民下乡""农民进城""电商助农"三大产品体系，形成地面与网络双循环；另一方面，规范产品生产九步骤流程，推动农旅业务高质量发展。2020 年 9 月至 2021 年 8 月，广之旅农旅融合产品覆盖全国 31 个省、市、区，组接人数超 15 万人次，营收突破 2 亿元，相关项目入选 2021 中国旅游集团化发展创新案例。

8. 以标准化护航业务发展

广之旅始终将旅游安全视为生命线，制定旅游团队突发事件应急预案，编制涵盖 16 种突发事件处理流程的安全工作手册，建立 32 个环节的风险防控机制。2020 年，公司发布《旅游团队疫情防控服务规范》企业标准。2023 年出境团队旅游重启后，广之旅组织多批次出境首团，凭借完善的安全标准化制度，实现游客服务质量与安全保障双满意，业务规模位居全国前列。

（资料来源：根据网络资料整理）

（二）课后实践

通过网络调研黄山旅游电子商务网站的运营情况，了解该企业标准化工作的历史及获得的成就等相关信息，对其网站进行评价。

任务二　旅游电子商务网站建设规划

任务描述

本任务学习，旨在全面掌握旅游电商网站建设从策划到实施的全流程知识。需深入理解网站定位、目标受众分析、功能需求梳理等前期规划要点；学习网站架构设计、页面布局规划、技术选型等关键技术环节；熟悉网站内容策划、营销推广策略制定等运营规划内容。通过理论学习与案例分析，明晰各规划步骤间的逻辑关联，掌握建设旅游电子商务网站的关键要素，为后续实践操作奠定坚实理论基础，提升网站建设规划的综合能力。

学习目标

知识目标	能力目标	素养目标
1. 熟悉旅游电子商务网站建设规划的步骤及内容； 2. 掌握规划企业网站用户和内容的方法	能够根据旅游电子商务网站用户的类型设计相应的企业网站内容	1. 培养学生细心、耐心的工作态度，提高其观察力和开拓创新的能力； 2. 以习近平新时代中国特色社会主义思想为指导，坚持守正创新、提质增效、融合发展

一、案例导入

XXX旅游网站建设策划书

旅游业正经历着前所未有的变革，其中旅游企业网站作为连接消费者与旅游产品的桥梁，其重要性不言而喻。一个优秀的旅游企业网站不仅能够提升品牌形象，还能有效促进销售转化，增强用户黏性。以下是一份详尽的旅游企业网站建设方案，旨在构建一个集信息展示、在线预订、用户互动及数据分析于一体的综合性平台。

1. 网站定位与目标分析

（1）网站定位。

明确网站的定位至关重要。此处将旅游企业网站将定位为"一站式旅游服务平台"，旨在为全球游客提供从目的地探索、行程规划、在线预订到旅行体验分享的一站式解决方案。通过整合旅游资源，优化用户体验，打造差异化竞争优势。

（2）目标用户分析。

年龄层次：覆盖全年龄段，但重点聚焦于20～50岁的中青年群体，因为他们更倾向于通过线上渠道获取旅游信息并完成预订。

兴趣偏好：自然风光、文化探索、亲子游、蜜月旅行、主题游（如美食、摄影、徒步）等。

消费能力：中高等收入人群，这部分人群注重性价比与服务质量。

2. 网站架构设计

（1）信息架构。

首页：展示热门旅游线路、特惠活动、用户评价及推荐目的地，使用户感兴趣并引导其深入探索。

目的地指南：按地区、国家、城市分类展示详细旅游信息，包括景点介绍、美食推荐、住宿选择、交通指南等。

产品中心：分类展示旅游产品，如跟团游、自由行、定制游、门票预订、酒店预订等，支持多维度筛选与比较。

用户中心：个人资料管理、订单查询、积分兑换、旅行日记分享等功能，增强用户黏性。

社区互动：论坛、问答、游记分享区，促进用户之间的交流与分享。

客服支持：在线客服、常见问题解答、投诉与建议反馈渠道，确保用户问题得到及时

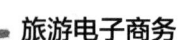

解决。

（2）技术架构。

前端：采用响应式设计，确保网站在不同设备上均能良好展示；运用 HTML5、CSS3、JavaScript 等现代技术提升用户体验。

后端：基于 Java 或 PHP 等成熟框架开发，确保系统稳定高效；集成 CMS（内容管理系统），便于内容更新与维护。

数据库：采用 MySQL 或 MongoDB 等数据库，确保数据安全与高效查询。

服务器：部署于云服务器，如阿里云、腾讯云等，实现弹性扩展与负载均衡。

3. 功能实现与优化

（1）在线预订系统。

开发完善的在线预订系统，支持多种支付方式（如支付宝、微信支付、信用卡等），确保交易安全便捷。同时，提供订单状态实时跟踪功能，让用户随时掌握预订进度。

（2）个性化推荐。

运用大数据与 AI 技术，分析用户的浏览行为、购买记录等数据，为用户提供个性化的旅游方案，从而提升转化率与用户体验。

（3）SEO 优化。

对网站进行全面的 SEO 优化，包括关键词布局、内容优化、外链建设等，提高网站在搜索引擎中的排名，吸引更多自然流量。

（4）移动端适配。

鉴于移动设备的普及，确保网站在移动端也能提供流畅的用户体验，包括快速的加载速度、简洁明了的界面设计、便捷的触控操作等。

4. 数据分析与反馈

通过网站数据分析工具，监控用户行为、流量来源、转化率等关键指标，及时调整网站策略与营销方案，实现持续优化。

（资料来源：根据网络资料整理）

二、理论知识

知识点 1　旅游电子商务网站建设规划的任务

旅游电子商务网站规划是指在建设旅游电子商务网站之前，对网站的目标、功能、内容、技术架构、用户体验、营销策略及运营管理等进行全面、系统的策划和设计。它是确保旅游电子商务网站能够满足市场需求、吸引用户、实现商业价值的关键步骤。旅游电子商务网站建设规划的主要任务包括以下五个方面。

1. 旅游电子商务网站的定位和发展方向

旅游企业应根据实际需要进行网站定位，确定网站的发展方向及目标客户，并通过对竞争对手进行功能对标与用户画像分析，明确差异化发展路径。

2. 旅游电子商务网站的用户需求分析

不同类型的旅游电子商务网站（如在线旅游平台、垂直类旅游社区）面临着差异化的用户需求。需通过问卷调研、用户访谈等方式，梳理用户在信息查询、产品预订、售后反馈等环节的需求,将需求转化为网站功能设计的关键要素,这是旅游电子商务网站建设是否成功的关键。

3. 制定旅游电子商务网站的总体建设方案

在对旅游企业自身进行初步调查和分析的基础上,结合企业的定位和发展方向,确定旅游电子商务网站的总体结构和组成。制定全面的总体建设方案,明确网站的功能模块、技术选型和资源需求,为后续开发提供清晰路径。

4. 可行性分析

结合企业技术资源、资金预算及市场环境,通过成本效益分析、技术可行性验证,如高并发场景下的系统稳定性测试,形成数据支撑的可行性报告,为决策提供科学依据。

5. 制订分阶段实施计划

根据旅游电子商务网站的总体建设方案,明确各阶段需要完成的任务,并制定详细的建设进度表。实施计划应涵盖时间安排、资源分配和质量控制等内容,以确保项目能按时、按质完成。

知识点 2　旅游电子商务网站建设规划的步骤

旅游电子商务网站建设规划本质上仍遵循网站建设规划的思路。因此,其规划步骤与常规网站建设规划存在诸多共同之处,主要包括以下几个方面,如图 3.3 所示。

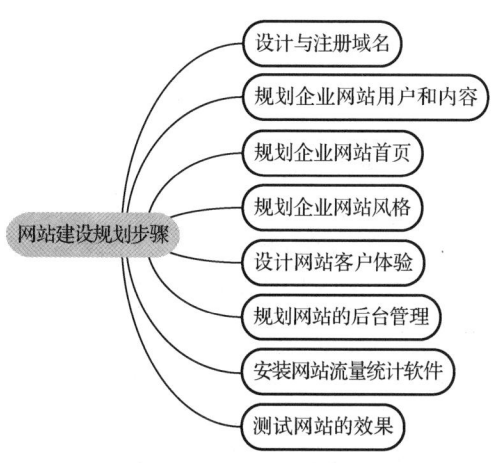

图 3.3　网站建设规划步骤

1. 设计与注册域名

(1) 域名(Domain Name),又称网域,是由一串用点分隔的名字组成的互联网上某一台计算机或计算机组的名称,用于在数据传输时对计算机的定位标识。由于 IP 地址是一串不易记忆的数字,人们设计了域名,并通过域名系统(DNS,Domain Name System)将域名和 IP 地址相互映射,这样人们就可以更方便地访问网站而无需记忆 IP 地址数串。如果将网站比作一座房子,域名就像是房子的门牌号,凭借这个"门牌号",用户就能准确找到网站的位置。一般来说,简短易记的域名有助于企业网站吸引更多用户流量。

(2) 一般旅游企业设计域名注意事项。旅游企业设计域名时,应与企业名称一致,同时应与产品注册商标一致以强化品牌关联性;此外,域名应尽量简短易记,方便用户输入与传播。域名注册是搭建网站的重要前期工作,因其在全球具有唯一性,类似产品商标和企业标志物，故尽早注册十分必要。旅游企业可通过阿里云万网等平台进行域名查询（见图3.4），查看设计的域名是否已被注册。可以通过自行注册，也可以通过购买或竞拍等方式获取网站域名。

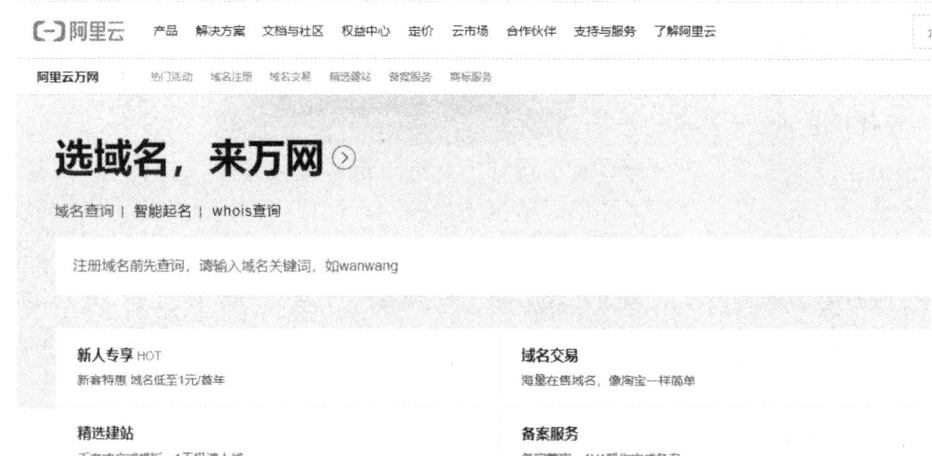

图3.4　阿里云万网域名查询

（3）域名的结构。以"www.cnnic.net.cn"为例，它由几个不同部分组成且具有明确的层次关系。其中，最后的".cn"是域名的第一层，属于地理顶级域名；".net"是域名的第二层，属于类别顶级域名；"cnnic"是注册的主体域名，处在第三层。当然还可以有第四层，如"inner.cnnic.net.cn"中的"inner"是第四层域名。由此可见，域名从后到前的层次结构类似于倒立的树形结构。

在目前互联网域名体系中，顶级域名主要分为3类，如表3.2所示。一是地理顶级域名，共有243个国家和地区的代码，例如，".cn"代表中国、".us"代表美国等；二是类别顶级域名，早期有7个，如".com"（商业机构）、".org"（非营利组织）等，但随着互联网发展，新增了大量通用顶级域名；三是新增加的顶级域名，涵盖各类新兴领域和行业，为用户提供了更多选择。

表3.2　3类顶级域名

序号	类别	顶级域名举例
1	地理顶级域名（共243个）	.cn（中国）、.us（美国）、.jp（日本）等
2	类别顶级域名（共7个）	.com（公司和企业）、.net（网络服务机构）、.org（非营利组织）、.edu（专用的教育机构）、.gov（专用的政府部门）、.mil（专用的军事部门）、.int（国际组织）
3	新增加的顶级域名	.biz（商业）、.coop（合作公司）、.info（信息行业）、.aero（航空业）、.pro（专业人士）、.museum（博物馆行业）、.name（个人）

2. 规划企业网站用户和内容

（1）确定旅游企业网站的主要访问对象。一般旅游企业网站的主要访问对象分为5个部分：旅游企业客户（消费者/会员）、旅游企业潜在客户、旅游企业业务伙伴、旅游企业投资者、旅游企业和一般公众。

（2）分析访问对象对网站的需求，如表3.3所示。

表3.3 访问对象对网站的需求

主要访问对象	需求（以旅行社为例）
旅游企业客户（消费者/会员）	产品信息、促销信息、销售渠道分布、旅行社文化与实力、旅游相关知识、积分查询、在线购买与问询、驴友交流等
旅游企业潜在客户	产品信息、促销活动、旅行社口碑与实力、旅游攻略、在线咨询等
旅游企业业务伙伴	旅行社实力、品牌文化、合作项目详细信息、网上订单、信息沟通渠道
旅游企业投资者	旅行社财务状况、经营业绩、发展规划、投资回报分析、合作项目等
旅游企业和一般公众	旅行社实力、品牌文化、社会报道、旅行社相关新闻、招聘信息等

（3）网站内容与功能模块设计。一般在设计网站内容与功能模块前要进行一系列的思考，主要包括以下几点。

① 网站的访问者希望从网站获取哪些信息？哪些信息对他们来说是最需要的？
② 如何和网站的访问者实现在线即时沟通，随时解答他们的咨询？
③ 企业网站内容哪些是最重要的？哪些是必要但不太重要的？
④ 企业网站内容哪些是辅助的？哪些是可有可无的？哪些是画蛇添足的？
⑤ 网站的内容应该放置在哪些位置才更适合主要访问对象的访问习惯？
⑥ 网站内容之间如何确定链接？如何链接才能使得访问者最方便获取信息？

（4）网站架构设计。网站架构设计是网站设计的核心环节，其开展需以完成网站调研、明确目标定位及内容主题为前提。这一环节的核心任务是构建清晰合理的内容层级体系，具体涵盖栏目划分及相互关系、网页层级及关联、链接路径设置、功能在网页中的分配等。值得注意的是，这些内容仅属于前台结构设计，而前台结构的实现离不开强大的后台支撑——后台需具备完善的结构设计，才能保障前台设计的落地。从技术实现角度看，前台结构设计主要依托物理结构，包括扁平结构和树形结构两种类型，如图3.5所示。

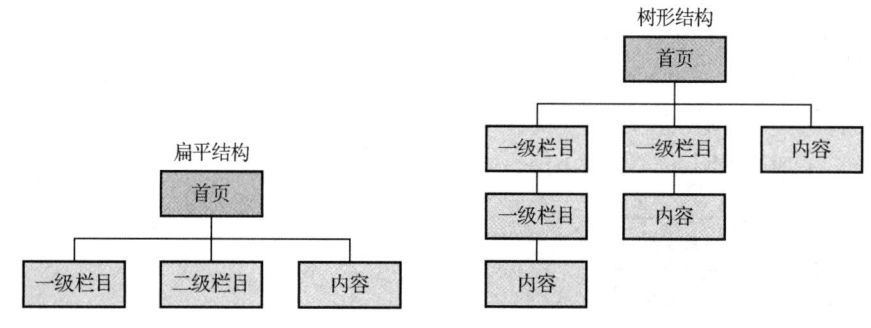

图3.5 前台结构设计类型

① 扁平结构：所有网页均位于根目录下，适用于中小型企业网站。其优势在于结构简洁，便于搜索引擎抓取内容；缺点是随着内容增多，页面易显杂乱，会降低用户查找信息的效率。

② 树形结构：以根目录为起点，通过多级分类（栏目或频道）构建层级体系，适合资讯类、电商类等内容丰富、分类复杂的网站。该结构的优点是内容分类清晰，用户可快速定位所需信息；缺点是若内容分类过细，会增加搜索引擎抓取内容的难度。

（5）网站栏目设计。网站栏目是网站内容的主要板块划分，通常包含导航栏目及二级、三级子栏目，其核心作用是帮助用户快速定位所需信息，提升使用体验。设计网站栏目时，要注意以下事项。

① 层级与数量控制：栏目设置需贴合网站性质与定位，采用"一级栏目——二级栏目——三级栏目"的分层结构。这一设计主要针对树形结构或内容稍多的网站，对于采用扁平结构的中小型企业网站，可根据实际内容量简化层级，无需严格遵循多级分层。建议一级栏目不超过 6 个，整体层级不超过 3 级，确保用户通过 3 次以内点击即可找到目标内容。

② 链接便捷性：网站首页需直接链接至各一级栏目首页；同时，从用户视角出发，进入二级栏目页、产品页等次级页面的点击次数应控制在 3 次以内，以降低信息查找成本，提升搜索引擎抓取效率。

③ 路径引导优化：每个页面都应设置返回首页或栏目首页的导航入口，并添加面包屑路径（即浏览路径提示），辅助用户明确当前位置，优化浏览体验。

④ 辅助导航设计：可设置清晰的网站地图，帮助用户在网站中高效查找信息，避免迷失；若为产品类网站且产品数量较多，建议为产品单独设置导航页面，且产品页面设计尽量避免采用翻页形式。

以酒店网站栏目设计为例，如图 3.6 所示。

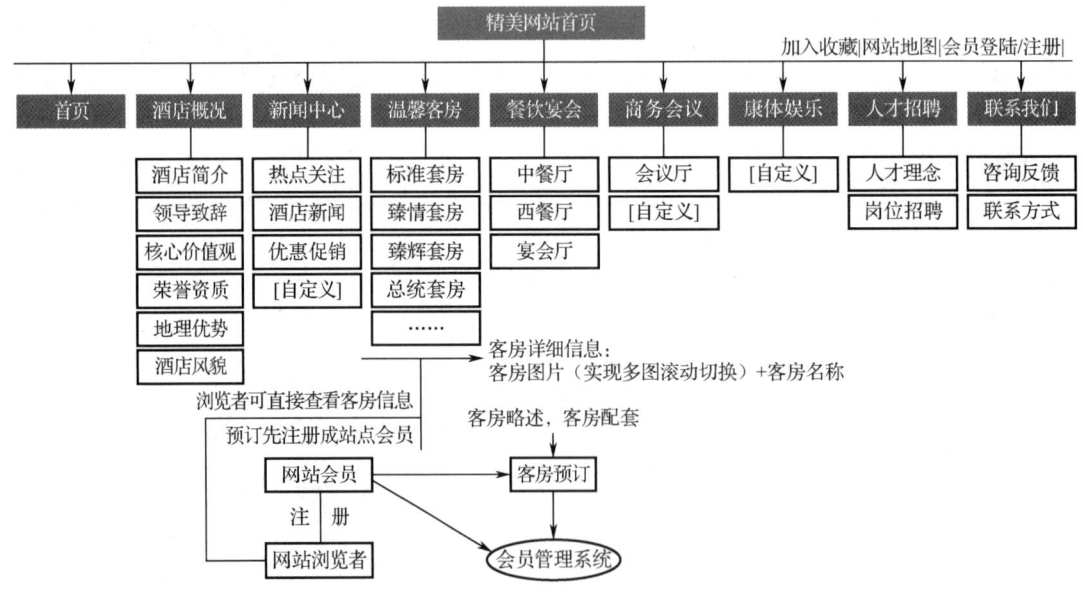

图 3.6 酒店网站栏目设计

3. 规划企业网站首页

首页的内容与功能设计,直接体现了企业网络营销的功能定位和目标对象定位。对企业而言,首页应优先展示网络营销中最核心的内容,这些内容也正是客户通过网站最希望获取的信息——因此,企业需将客户最关心的内容置于首页。以乌镇为例,其官网首页通过滚动播放呈现最新消息,将旅游产品清晰划分为"传统乌镇"和"度假乌镇",同时展示联系电话等访客高频关注的信息;搭配与内页风格协调的色彩设计,既契合自身营销定位,也精准满足了用户需求。乌镇官网首页如图3.7所示。

图3.7 乌镇官网首页

4. 规划企业网站风格

(1)注重首页设计技巧。要让企业官网的首页在众多网站中脱颖而出,采用超大字体是一种行之有效的策略。即便文字内容较为简洁,用户也能快速捕捉到重点信息,并且在深入了解其他内容之前,会首先关注到这部分内容。

尽管字体和排版设计存在多种组合方式,但在首页首屏的文字选择与设计上,建议遵循以下两个原则:①突出性原则:首页首屏应使用引人注目的字体,使其与网站其他部分形成明显区别,从而确保在视觉上占据主导地位,快速吸引用户注意力。②一致性原则:对于网站其他页面的正文及文字部分,需采用统一且简洁的字体样式;同时,整体的排版设计架构也应保持一致,这样既能增强品牌识别度,也能提升用户体验。

(2)内页设计风格保持一致。内页与首页共同构成了企业网站的整体形象,保持内页设计风格的一致性,是提升品牌辨识度、增强用户体验的关键。具体可从以下几个方面实现。

① 基础框架与核心元素相统一。网站结构是实现风格统一的重要手段,布局框架的统一性涵盖网站布局、文字排版、装饰性元素位置、导航样式及位置、图片摆放方式等。同时,要强调网站标志性元素的一致性,包括网站或公司名称、品牌标识、导航栏样式及位置、企业联系方式等。将品牌标志融入导航栏设计,或结合整体布局进行创意化处理,能增强用户对品牌的辨识度与记忆点,这种标准化结构不仅能降低设计与开发成本,便于后期维护更新,还能让用户在浏览各内页时,始终感受到品牌的连贯性。

② 色彩体系统一。内页设计中色彩的一致性，能有效强化品牌形象，提升用户体验。内页色彩需与首页主色调保持一致，确保用户在浏览不同页面时视觉感受连贯；辅助色也需与首页协调，遵循整体风格，并用于突出重点内容、引导用户操作等；内页色彩的明度和纯度调整需把握分寸，在区分层次的同时确保整体色彩风格统一。

③ 特色元素与交互组件相统一。个别具有特色的元素（如象征图形、局部设计等）的重复出现，会给访问者留下深刻印象。网站中的图标和按钮作为重要交互元素，样式应保持一致；字体和排版需保持统一，与首页设计中的一致性原则相呼应；若网站有独特的装饰元素，也应在内页中保持一致。同时，图像的统一性是塑造专业、连贯视觉效果的关键，图像风格、尺寸比例、分辨率和压缩率等都应统一。

④ 网页背景统一。网页背景包括背景色和背景图像两种，一般更建议使用背景色，因其几乎不影响页面加载速度，且能避免因背景图像复杂导致前景文字难以辨识的问题。内页背景应与首页背景风格保持统一，若特殊情况下使用背景图像，需确保其风格、色调与整体网站风格一致，且不影响文字辨识。

（3）讲究色彩搭配。网页配色在网站风格塑造中占据重要地位，其合理与否直接影响访问者的情绪：好的色彩搭配能带来强烈的视觉冲击力，而不当的搭配则可能产生视觉疲劳并引发烦躁情绪。具体搭配方式如下。

① 同种色彩搭配。首先选定一种色彩，然后调整其透明度和饱和度，将色彩变淡或加深，进而产生新的色彩，这样的页面看起来色彩统一，具有层次感。

② 邻近色彩搭配。邻近色是指在色环上相邻的颜色，如绿色和蓝色、红色和黄色等。采用邻近色进行搭配，能够避免色彩杂乱，自然地营造出和谐统一的页面氛围。

③ 对比色彩搭配。一般来说，色彩的三原色（红、黄、蓝）最能体现色彩差异。色彩的强烈对比具有视觉诱惑力，能够起到几种现实的作用。对比色可以突出重点，产生强烈的视觉效果。通过合理使用对比色，能够使网站特色鲜明、重点突出。在设计时，通常以一种颜色为主色调，以其对比色作为点缀，实现主次分明、特色鲜明的视觉效果。

④ 暖色色彩搭配。暖色色彩搭配是指使用红色、橙色、黄色等暖色为主色调的搭配方案。这种色彩搭配可为网页营造温馨、热情、活力满满的氛围。

⑤ 冷色色彩搭配。冷色色彩搭配是指使用绿色、蓝色及紫色等冷色为主色调的搭配方案。这种色彩搭配可为网页营造宁静、清凉和高雅的氛围。冷色色彩与白色搭配一般会获得较好的视觉效果。

⑥ 有主色调的混合色彩搭配。以一种颜色作为主色调，搭配其他色彩作为辅助，在保证色彩丰富性的同时，确保页面整体协调有序，避免繁杂无序的视觉感受。

⑦ 文字与网页背景色对比搭配：文字内容的颜色与网页背景色对比要突出，深色背景，文字的颜色就应浅，以深色的背景衬托浅色的内容（文字或图片）；反之，浅色背景，文字的颜色就要深些，以浅色的背景衬托深色的内容（文字或图片）。

（4）重视网页设计布局。网页设计布局是指页面中各元素（如导航栏、内容区、侧边栏、页脚等）的排列组合方式。它不仅影响视觉呈现的美观度，更直接决定用户获取信息的效率、浏览过程的流畅性，甚至会影响用户对品牌的信任度及最终转化决策（如购买、咨询等）。优秀的布局设计能引导用户形成自然浏览路径、快速定位所需信息，同时传递企业的专业性与品牌调性。

① 网页设计布局的基本原则。
- 用户中心原则：以用户行为习惯和需求为核心，确保布局符合直觉认知（如导航位置、按钮等交互逻辑），降低用户学习成本，避免因设计不符合用户习惯导致用户流失。
- 一致性原则：保持全站布局框架（如导航位置、按钮样式）、视觉元素（色彩体系、字体层级、图标风格）、交互反馈的统一，降低用户的认知负担，强化品牌识别度。
- 简洁性原则：避免冗余元素（如无意义的装饰、重复的信息模块），通过聚焦核心内容降低视觉噪音，让用户能快速识别关键信息（如产品卖点、行动按钮）。
- 响应式适配原则：通过弹性布局、媒体查询等技术，确保网站在不同设备（桌面端、平板、手机等）上自动调整排版，实现内容完整显示、交互便捷操作，保障跨设备一致的用户体验。
- 可访问性原则：兼顾特殊用户需求（如视觉障碍者通过屏幕阅读器获取信息、运动障碍者通过键盘操作），例如采用高对比度色彩、语义化标签、合理的焦点顺序，让网站更具包容性。

② 关键要素与布局策略相结合。
- 导航栏设计：作为网站的"指南针"，通常放置在页面顶部或侧边，需清晰列出主要栏目和关键页面链接。导航栏的设计风格应简洁明了，突出品牌特色，同时合理设置下拉菜单，方便用户快速找到所需内容。
- 内容区布局：作为网站的核心，承载着主要的信息展示和交互功能。布局时需运用网格系统规划页面，使内容有序排列以保持视觉平衡；通过大小、颜色、位置等手段突出最重要的内容或信息；借助适当的留白减轻视觉压力，提升页面的呼吸感；并将内容按重要性或逻辑顺序分层展示，便于用户理解和吸收。
- 侧边栏与广告位：侧边栏通常用于放置辅助信息或广告，设计时应注意避免干扰主内容区的阅读体验，让用户能专注于核心内容的浏览。
- 页脚设计：页脚虽位于页面底部，但同样重要，是网站的"收尾"部分。通常包含版权信息、联系方式、社交链接等内容，能为用户提供额外的必要信息和连接渠道。

5. 设计网站用户体验

为了提升网站的用户体验，一般会在网站中设计网站客户咨询模块，如在线客服等。通过在线客服服务，为访客提供咨询服务。下面以阿里旺旺在线服务为例，进行用户体验模块的设计。

阿里旺旺在线服务：将个人阿里旺旺标识部署到网站后，当访客也登录了阿里旺旺时，可以直接点击旺旺图标发起沟通。

步骤一：访问"阿里旺旺——旺遍天下"平台，如图3.8所示。

步骤二：选择在线状态图片风格，输入阿里旺旺账号并生成专属网页代码。

步骤三：复制生成的代码并将其插入到网页源代码中放置在线客服入口的位置，此时，就可以通过阿里旺旺开展网站在线咨询服务。

图3.8 访问"阿里旺旺——旺遍天下"平台

6. 规划网站的后台管理

网站后台管理规划需围绕业务运营需求，搭建功能完善、操作高效的管理系统来支撑网站的日常维护与业务拓展。

（1）信息发布管理系统：用于统一发布、编辑、审核和归档企业相关信息，包括新闻报道、促销活动详情、加盟合作政策及供求信息等，确保信息发布的及时性与准确性。

（2）产品管理系统：承担企业产品信息的全生命周期管理，不仅支持发布和更新产品详情（如规格、参数、价格、图片等），还具备产品分类、库存关联、上下架状态调整等功能，满足产品展示与销售的联动需求。

（3）客户咨询管理系统：用于集中处理在线客户咨询和客户留言，具备消息实时提醒、对话记录存档、问题分类标签、工单流转等功能，帮助企业高效响应客户需求，提升服务质量。

（4）网站流量统计系统：通过收集和分析网站访问数据（如访问量、访客来源、停留时长、页面浏览路径等），为运营决策提供数据支持，助力优化网站内容与用户体验。

此外，根据业务规模和行业特性，后台管理系统还可拓展用户管理（会员体系、权限控制）、订单管理（交易流程、支付对接）、数据备份与安全防护等功能，形成完整的运营支撑体系。

7. 安装网站流量统计软件

常见的网站流量统计工具或软件包括 Google Analytics、百度统计、CNZZ、友盟统计、GrowingIO 等。这些工具可以帮助管理者实时监控网站的访问量、用户行为、来源渠道等关键数据，从而更好地了解用户需求，优化网站内容和用户体验。

其核心功能和用途主要体现在以下方面。

（1）访问数据的收集与分析：实时收集并分析网站的各类访问数据，涵盖访问量、流量来源、用户行为等，为运营提供基础数据支撑。

（2）用户行为洞察：助力站长掌握用户在网站上的行为习惯，比如用户最常访问的页面、在各页面的停留时长等，为优化用户路径提供依据。

（3）网站优化与排名提升：基于数据反馈，对网站结构和内容进行针对性优化，从而提升用户体验与搜索引擎排名。

（4）潜在机会挖掘：通过深入分析用户行为，发现潜在的用户需求和市场机会，为制定精准营销策略提供方向。

（5）网站性能优化：提供网站性能相关数据，如页面加载速度、跳出率等，帮助优化网站性能，增强用户体验感和网站稳定性。

（6）多维度报告生成：可生成访问量、流量来源、用户行为等多维度的数据报告，便于站长全面了解和分析网站运营状况。

网站统计工具作为重要的数据分析工具，能助力网站明晰用户行为、流量来源及运营状况，为站长的决策和网站改进提供有力的数据支持。

8. 测试网站的效果

访问站长工具，点击"其他常用测试工具"栏下的"网站反应速度测试"链接，输入要测试的网址。

网站中无效的链接会影响用户对网站的好感度，也会使用户因为链接无效而无法获取想要的信息。所以企业网站发布后，要检查网站的所有链接以确定是否存在无效的链接，并及时更正错误的链接。

三、任务训练

实训　旅游电子商务网站建设规划方案

【实训目的】

掌握旅游电子商务网站建设规划方案的撰写技巧。

【实训步骤】

（1）4～6人为一组，全班同学分成若干小组；

（2）以小组为单位，每组选择某一个旅游企业（旅行社、酒店、景区或其他）开展旅游企业调研活动，完成表3.4的填写。

表3.4　调研项目及内容

调研项目	项目内容
旅游企业名称	
旅游企业创建网站的目的	
同类旅游企业网站建设情况（市场分析）	
网站功能定位	
网站内容需求	
企业资金预算	

（3）参照样例，撰写旅游企业电子商务网站建设规划方案。

【实训要求】

在实训步骤（2）（3）中，要求各小组选择的网站具有代表性；要求各小组撰写工作计划和任务分工；要求规划方案内容完整、操作具体可行。

【实训评价】

评价指标	自我评价	小组评价	教师评价
参与度			
规划性			
代表性			
完整性			

四、课外拓展

（一）拓展阅读

途牛网站设计风格：简约清新，便捷高效

途牛作为著名的旅游公司，坚持"以客户为中心"的企业价值观，秉承"让旅游更简单"的理念，一直致力于满足游客多样化、个性化的需求。它提供优质的旅游产品和服务，通过提质增效，为文旅高质量发展注入活力。其网站风格"简约清新，便捷高效"，具体的网站设计特点如下。

1. 简约清新的设计风格

途牛的网站设计风格以简约清新为主，页面布局简洁大方，不用烦琐花哨的设计概念。整个网站以蓝色为主调，给人一种清新干净的感觉，同时也体现了旅游业的主题色彩。

网站的字体也十分清晰易读，标题和正文的排版清晰简洁，给用户带来了很好的感受。所有的设计元素之间相互呼应，使整个网站呈现出一种协调的美感。

2. 便捷高效的网站布局和功能设计

途牛在网站的布局和功能设计上注重便捷高效，通过直观易懂的操作界面和详尽的旅游信息，使用户能够更加便捷地找到所需的信息。

网站的分类导航十分醒目，用户可以快速找到自己想要的旅游产品。同时，途牛也提供了一个便捷的搜索框，用户可以根据目的地、时间等条件搜索所需的旅游产品。

除此之外，途牛还提供了丰富的旅游资讯，如景点介绍、当地美食等，以及便捷的机票、酒店预订服务，用户可以一站式解决旅游过程中的各种需求。

3. 总结

途牛的网站设计风格突出旅游主题、注重便捷高效的网站布局和功能设计，为用户提供了很好的使用体验。随着技术和用户需求的不断更新，相信途牛会继续为用户提供更加完善的服务。

（资料来源：根据网络资料整理）

（二）课后实践

通过网络调研乌镇官网，对乌镇官网的首页设计、版面布局、栏目设计、色彩搭配等进行分析。

任务三　旅游电子商务网站建设实训

任务描述

通过实训，掌握 FrontPage 软件和凡科建站工具的操作步骤，能运用这两种工具完成旅游电子商务网站的搭建，学会使用建站工具制作简易旅游电商网站的方法。

学习目标

知识目标	能力目标	素养目标
1. 掌握 FrontPage 软件网站建设的操作步骤； 2. 熟悉使用凡科建站工具进行网站建设的步骤	1. 能够使用 FrontPage 软件进行旅游电子商务网站建设； 2. 能够运用建站工具制作简易旅游电子商务网站	1. 引导学生树立"生态优先"的价值观； 2. 传播中华优秀传统文化，增强文化自信，推动旅游业高质量发展

任务训练

实训一　旅游电子商务网站的建设

【实训目的】

（1）掌握旅游电子商务网站的建设方法。

（2）结合党的二十大精神，在以自然景观为主的景区网站建设中，需践行"绿水青山就是金山银山"的理念，引导学生树立"生态优先"的价值观，理解经济发展与生态保护的辩证关系。在以人文景观为主要特色的景区网站建设中，需融入中华优秀传统文化元素，如传统节日、民俗文化、历史遗迹等，通过旅游活动的介绍，让游客感受到中华文化的博大精深。

【实训要求】

网站设计的常用软件如下。

FrontPage 是微软出品的网页制作软件，具备典型的微软办公软件界面，简单易学，是网页制作的入门软件。

Dreamweaver，最初由 Macromedia 开发，后由 Adobe 接管并继续对其进行开发，是一个"所见即所得"的可视化网页编辑软件，是专业网页设计者的首选。

请大家运用任务二所学的网站设计方法，用 FrontPage 软件对某一旅游景区官网进行首页设计。要求：①色彩搭配合理；②首页版面布局合理；③正确设置网站超链接；④掌握 Word 内容向网页格式的转换与嵌入；⑤会设置网站在线联系图标。

【实训步骤】

1. 安装及新建

（1）安装 FrontPage2003 到相关文件夹。

（2）打开 FrontPage2003，执行"文件"→"新建"命令，此时软件右侧会弹出任务栏。在任务栏中单击"其他网站模板"，在弹出的对话框的"常规"选项卡中，选择"空白网站"。

（3）单击"浏览"按钮，指定新网站的存储位置，单击"确定"按钮，完成新站点的创建。

（4）单击"新建"按钮，生成"new_page_1.htm"空白网页，右键单击网页标签，在弹出的菜单中选择"保存"选项，在"另存文件"对话框中将文件命名为"index.htm"，单击"保存"按钮，完成操作。

2. 编辑网页

（1）插入主表格：执行"表格"→"插入表格"命令，在弹出的对话框中输入行数为3、列数为1，设置宽度为766像素、高度为750像素、边框粗细为0，单击"确定"按钮，完成表格插入。

（2）设置单元格高度：将光标置于第一行单元格中，右键单击，选择"单元格属性"选项，在对话框中勾选"指定高度"并将其设置为145像素；用同样方法，将第二行单元格高度设置为36像素。

（3）插入景区图片：将光标置于第一个单元格中，执行"插入"→"图片"→"来自文件"命令，选择符合单元格大小的景区图片上传；若图片尺寸不符，可通过图片编辑功能进行调整，完成首页景区图片布局。

（4）拆分单元格：将光标移至第二个单元格，执行"表格"→"拆分单元格"命令，在弹出的对话框中设置拆分为6列。

（5）添加导航栏目：在刚拆分的6列单元格中依次输入"首页""景区简介""景区动态""主要景点""景区美景""论坛交流"。可根据景区类型调整栏目，同时依据景区风格设置字体格式。

（6）插入嵌套表格：将光标置于第三行单元格中，插入一个3行2列的表格，设置宽度为766像素、高度为550像素、边框粗细为0。

（7）设置嵌套表格行高：将光标定位在新插入表格的第一行，右键单击，选择"单元格属性"选项，在对话框中勾选"指定高度"并将其设为70像素。

（8）合并单元格并调整宽度：选中新插入表格第一列，执行"表格"→"合并单元格"命令，将三行合并为一行；然后设置该单元格宽度为203像素。

（9）插入链接表格：将光标置于合并后的单元格，插入一个8行1列的表格，设置其宽度为200像素、高度为454像素、边框粗细为0。

（10）添加链接内容：自行调整表格各行的行高，从第二行开始依次输入"相关链接""中国旅游网""中国景区网""浙江文化和旅游厅""中青旅遨游网""搜狐网""新浪微博"（不局限于这些网站，也可以根据自己所设景区的风格和地理位置选择相关超链接网站）。对于输入的"相关链接"等内容，其具体的字体大小和格式也需自行设置，且设置时要结合所设景区的风格进行整体布局。

（11）设置单元格背景色：右键单击"相关链接"所在单元格，选择"单元格属性"选项，在对话框中设置合适的背景颜色。

（12）添加新闻与攻略内容：在嵌套表格右边未合并的单元格中，在第二行输入"简要新闻"及下属条目"迎接二十大系列活动""景区进入冬令时运营""景区获得最受游客欢迎奖""更多……"。

在第三行输入"旅游攻略"及下属条目"来了你就会爱上的地方——作者某某""如何在 XX 景区获得爱情？——作者某某"等。这些文字内容可以根据景区的特色进行调整。

（13）设置段落行距：选中各行文字，执行"格式"→"段落"命令，将行距设为 1.5 倍。

（14）设置网页背景色：右键单击网页空白处，选择"网页属性"选项，在弹出的对话框中切换到"格式"选项卡，为网页设置合适的背景颜色。

（15）添加滚动字幕：将光标定位在"简要新闻"上方，执行"插入"→"Web 组件"命令，在对话框中选择"字幕"选项，单击"完成"按钮；在"字幕属性"中输入"欢迎光临××景区！"，保持其余选项默认；选中字幕，执行"格式"→"字体"命令，设置字体格式为红色、隶书、24 磅。

（16）插入水平线：将光标定位在"旅游攻略"上方，执行"插入"→"水平线"命令，插入一条水平线。

（17）设置水平线属性：选中水平线，右键单击，选择"水平线属性"选项，将宽度设为 100 像素，高度设为 5 像素，并设置合适颜色。

（18）添加项目符号与缩进：分别选中"简要新闻"和"旅游攻略"下属条目文字，执行"格式"→"项目符号和编号"命令，添加项目符号；然后使用工具栏的"增加缩进量"按钮调整缩进距离。

（19）插入表单文本框：将光标置于"相关链接"上方空白单元格中，执行"插入"→"表单"→"文本框"命令，插入文本框；删除"提交"和"重置"按钮，在第一个文本框中输入"用户名"；在第二行插入文本框并输入"密码"，调整文本框和文字位置。

（20）设置密码域属性：双击"密码"文本框，在弹出对话框中，"密码域"选择"是"单选按钮；单击"验证有效性"按钮，设置数据类型为文本，在"允许"中勾选"字母"和"数字"复选框，最小数据长度设为 6。

（21）添加登录相关元素：在第二个文本框下面插入"登录"和"注册"图标，调整图片大小使其位于同一行；在图片下方输入"请注册或登录查看您的信息！"，自定义字体格式。

（22）保存网页：右键单击，选择"单元格属性"选项，为单元格设置合适的背景颜色。单击"保存"按钮，用默认文件名保存主页内容。

Tips：一般情况下在单元格中输入文字时，单元格的宽度和高度会随文字的多少而自动调整。若要在没有达到末尾时就换行，可按"Shift+Enter"组合键，避免直接按回车键导致行距变大。

3. 设置网页的超链接

（1）准备链接素材并转换格式：为"景区简介""景区动态"等主要栏目收集相关素材，整理后保存到 Word 文档中。将这些 Word 文档复制到网站对应的保存文件夹。以"景区简介"为例，打开对应 Word 文档，单击"文件"菜单中的"另存文件"选项，在弹出的下拉框中选择保存类型为"*htm"（网页文件），并将其保存到网站文件夹内，确保文件路径与网站目录结构一致，便于后续链接设置。

（2）设置栏目超链接：打开主页"index.htm"文件，选中"景区简介"栏目文字，右键单击，选择"超链接"选项，在弹出的"插入超链接"对话框中，找到并选择之前保存的"景区简介.htm"文件。单击"目标框架"按钮，在弹出的对话框上单击"新建窗口"选项，使链接页面在新窗口打开，方便用户浏览后返回主页，完成设置后单击"确定"按钮。

（3）批量设置栏目超链接：参照步骤（2）的方法，依次为"景区动态""主要景点""景区美景"等栏目文字设置超链接。对于"论坛交流"栏目，在"插入超链接"对话框中，选择"电子邮件地址"选项，输入正确的电子邮箱地址，格式如"mailto：xxx@xxx.com"，确保用户点击后能直接打开邮件客户端发送邮件。

（4）设置外部网站超链接：选中主页左侧"相关链接"下的"中国旅游网"文字，执行"插入"→"超链接"命令，在弹出的"插入超链接"对话框中，输入中国旅游网的完整网址，确认无误后单击"确定"按钮。

（5）完成全部外部链接设置：采用与步骤（4）相同的方式，为"相关链接"下的其他文字设置超级链接，输入对应的外部网站网址。设置过程中注意检查网址的准确性，避免因网址错误导致链接失效。

4. 设置网站在线联系图标（以阿里旺旺图标为例）

（1）登录"阿里旺旺——旺遍天下"平台，选择在线状态风格，并填写提示语，选择是否分流，并生成相应的代码，如图3.9所示。

图3.9　设置网站在线联系图标

（2）单击图3.9中的"复制代码"按钮，然后打开FrontPage软件中的网页文件"index.htm"，切换到代码视图（可通过软件界面左下角的"代码"按钮进入）。在代码区中，在用户名和密码代码的上方区域，右键单击，选择"粘贴"选项，将阿里旺旺在线联系图标代码插入到指定位置，如图3.10所示。插入后，仔细核对代码完整性，避免出现遗漏或错误，确保代码格式正确。

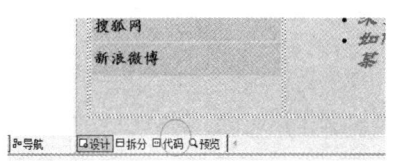

图 3.10 网页在线联系图表的代码设置

（3）插入代码后，单击 FrontPage 软件中的"预览"按钮，即可查看效果。打开保存好的网页文件"index.htm"，此时，便可以尝试使用阿里旺旺进行交谈了。

【实训评价】

评价指标	自我评价	小组评价	教师评价
参与度			
规划性			
代表性			
完整性			

【实训小结】

经过努力，终于创建了旅游电子商务网站。接下来需要进行搜索引擎注册，如在百度注册，如图 3.11 所示。注册成功后，用户在门户类网站的搜索引擎中输入关键词时，网站信息就会出现在搜索结果中。

图 3.11 百度注册网站链接

实训二 运用建站工具制作简易旅游电子商务网站

【实训目的】

掌握运用建站工具制作简易旅游电子商务网站的方法。

【实训要求】

目前快速建站工具有凡科建站、建站 ABC、腾讯风铃及百度云建站等。学生团队需使用凡科建站工具，完成出游无忧旅行社的网站制作任务。

请大家运用任务二所学的网站设计方法使用凡科建站对旅行社官网进行制作。要求：①会选择合适的模板进行导入；②能进行导航栏的添加和删减设置；③会设置网站的样式。

【实训步骤】

1. 建站前准备基本信息

旅行社名称：出游无忧旅行社。

旅行社 logo：登高望远。

旅行社品牌业务：观光游、定制游。

旅行社主要业务：涵盖国内游、周边游线路规划与预订，提供机票、酒店、门票代订服务，以及签证办理、私人定制旅游方案等一站式旅游服务。

建站前准备素材：网站规划方案（网站定位、结构内容等），文字与图片。

2. 简易旅游电子商务网站建站

（1）注册网站用户。学生团队通过百度搜索，找到凡科建站的网址，进入凡科建站网站首页，如图 3.12 所示。单击"免费注册"按钮，跳转至注册方式选择页面，选择"手机/邮箱注册"，进入注册页面，如图 3.13 所示，按照页面提示填写注册信息，完成用户注册。

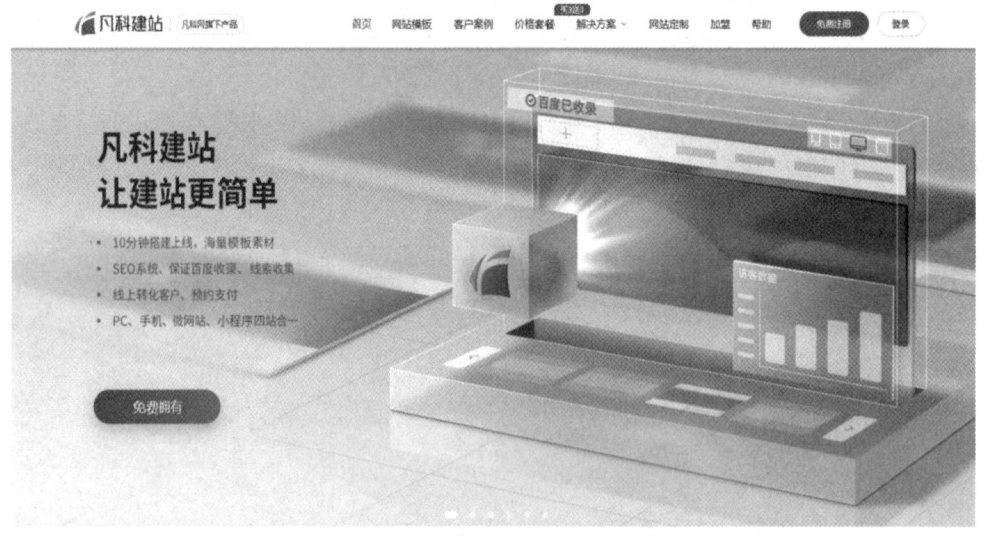

图 3.12　凡科建站网站首页

图 3.13　凡科建站网站注册页面

（2）创建网站。注册成功之后，页面会自动跳转到创建网站界面，在指定位置输入"出游无忧旅行社"名称，根据实际需求选择创建电脑网站或手机网站，如图3.14所示，确定网站类型后进入后续建站环节。

图3.14　凡科建站创建网站界面

（3）选择网站模板。单击"极速建站"按钮，进入行业模板选择界面，选择旅游类行业模板，再选择合适的网站模板进行使用，如图3.15所示。

图3.15　凡科建站旅游类网站页面

（4）修改网站标题和logo。进入建站页面后，找到"编辑网站标题"功能入口，进行网站标题的设置与修改。同时，完成旅行社logo上传操作，可选择"连接""固定""显示"等操作方式调整旅行社logo展示效果，并根据需求选择显示或隐藏模板。上传旅行社logo后，需补充完善联系电话等关键信息，确保用户能够快速联系上旅行社。

（5）修改网站导航栏。将鼠标指针移动至首页、旅游线路等导航栏目位置，触发常用栏目操作选项，单击"管理栏目"按钮，进入导航栏目管理页面，如图3.16所示。在管理导航栏目页面时,依据团队前期讨论确定的网站内容架构与业务重点,灵活执行导航栏目的增加、修改、删除操作。根据团队前期讨论结果,将导航栏目的具体栏目名称修改为符合旅行社业务需求的内容,如图3.17所示。

图3.16　管理导航栏目页面

首页　　　国内游　　　周边游　　　定制旅行　　　出游攻略　　　关于我们

图3.17　修改导航栏后的效果

（6）修改网站条幅。把鼠标指针移动到横幅位置,界面显示"编辑横幅""切换动画"等操作选项,可以自己准备素材进行上传。

（7）更换网站样式。在网站编辑界面左侧,单击"样式"选项,进入网站样式设置页面,如图3.18所示。在样式选择区域,综合考虑旅行社品牌风格（如色彩搭配、字体偏好等）与目标用户群体的浏览习惯（如页面布局喜好、视觉元素接受度等）,选择默认样式或其他合适的样式方案,如图3.19所示。

图3.18　网站样式设置页面

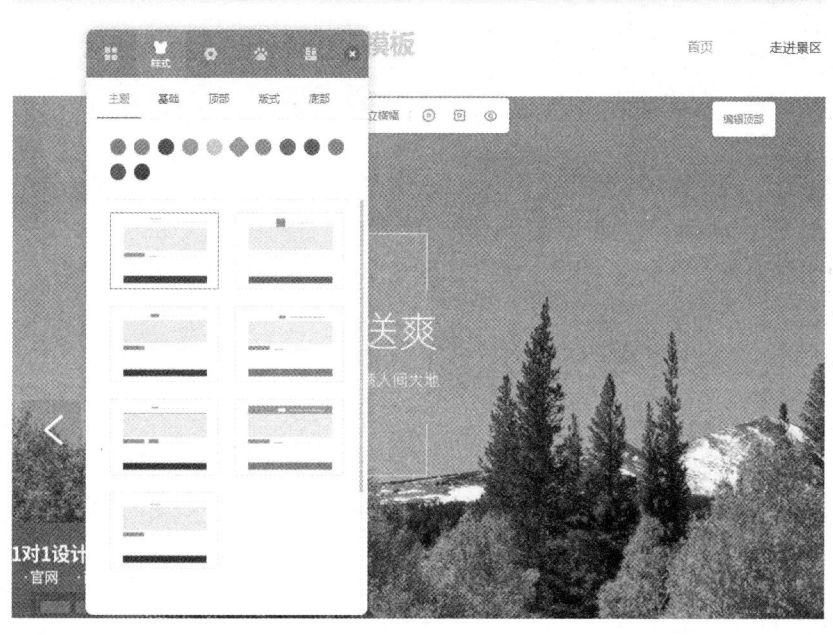

图 3.19 修改样式

（8）生成网站页面效果图。通过以上各项操作，最终完成网站的创建并生成网站页面效果图。

【实训评价】

评价指标	自我评价	小组评价	教师评价
参与度			
规划性			
代表性			
完整性			

【实训小结】

在本次实训中，学生使用凡科建站工具完成了"出游无忧"旅行社网站的设计与制作任务，不仅掌握了该工具的基本操作流程，还围绕旅行社业务特点展开了一系列针对性设计：先选择合适的模板导入，搭建起网站的初步框架；接着对导航栏进行添加与删减，使其更符合用户浏览习惯，便于用户快速获取所需信息；此外，还精心设置了网站样式，通过调整颜色、字体等元素，提升了整体美观度与用户体验。通过本次实训，学生对旅游电子商务网站的设计与制作有了更深入的理解，为今后从事网站开发工作奠定了扎实基础。

项目自测

一、名词解释

1. 旅游电子商务网站

2．域名
3．网站栏目
4．超链接

二、简答题

1．简述旅行社网站评价指标有哪些。
2．简述旅游企业网站的主要访问对象有哪些。
3．简述如何规划企业网站风格。
4．简述建设旅游电子商务网站可以使用哪些工具。

项目四
游你创在线旅游平台模拟实操

项目知识思维导图

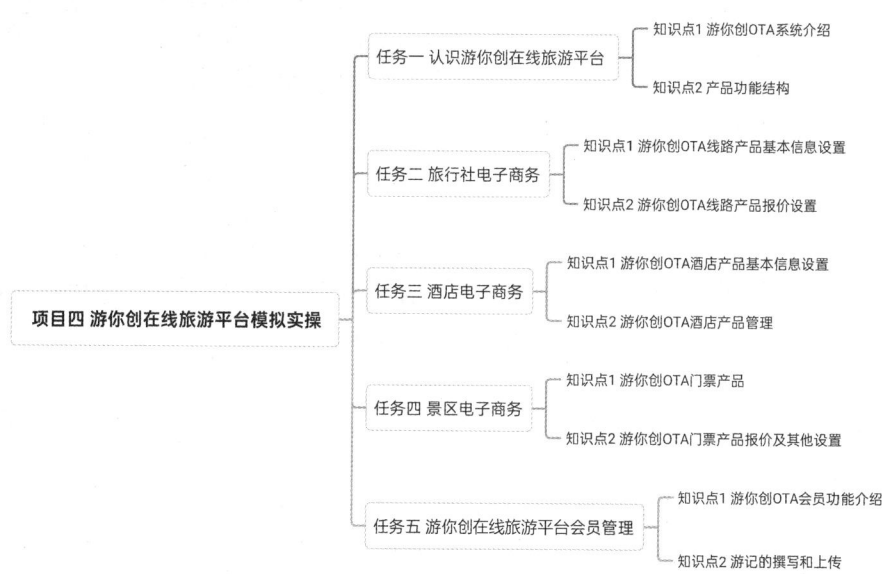

任务一 认识游你创在线旅游平台

任务描述

了解游你创在线旅游平台（Online Travel Agency，OTA）的主要功能，明晰并能讲解游你创 OTA 产品功能结构。

学习目标

知识目标	能力目标	素养目标
1. 了解游你创 OTA 的主要功能； 2. 理解游你创 OTA 的重要性； 3. 掌握游你创 OTA 各功能的运用要求	1. 能够准确阐述游你创 OTA 的主要功能； 2. 能够使用游你创 OTA 各功能	1. 树立团队合作的意识； 2. 具备正确、专业的工作价值观和工作规范性

旅游电子商务

一、案例导入

旅游市场强势复苏，多家OTA业绩迎来显著增长

在2023年旅游市场强势复苏的推动下，多家在线旅游平台业绩呈现显著增长态势。

2024年3月19日，同程旅行发布2023年第四季度及全年业绩报告。财报显示，公司全年实现收入118.96亿元，同比增长80.7%，较2019年增长60.7%；经调整净利润率已由2022年的9.8%提升至18.5%，基本恢复至2019年同期水平。

同程旅行在财报中也直言，2023年标志着中国旅游业的显著复苏。2023年上半年，行业呈现强劲的回升势态，反映出人们旅游热情持续高涨和需求不断增长。进入第三季度，市场热度达到顶峰，暑假期间旅游活动显著增加。尽管第四季度是传统的旅游淡季，但市场需求依然强劲，尤其是在国庆假期期间，显示出大众旅游兴趣持续旺盛。

2024年2月22日，携程集团发布的财报显示，其2023年全年实现净营业收入445亿元，同比增长122%，净利润为100亿元，相比于2022年的14亿元，同比增长超614%。受业绩大超预期影响，携程港股股价当日涨幅超7%。

2023年，途牛实现净收入4.41亿元，较2022年增长140.3%，打包旅游产品收入为3.33亿元，较2022年增长374.1%，毛利润为2.94亿元，较2022年增长227.9%。2023年，非美国会计准则下的净利润为5080万元，创上市以来新高。受业绩修复消息刺激，途牛美股当日涨幅达16%。

进入2024年，旅游需求持续"热辣滚烫"，龙年春节，国内文旅市场热度再攀新高，国内游和出境游迎来多重增长。

在出境游市场方面，中国旅游研究院数据显示，受互免签证政策、支付便利化及国际航班增密等利好影响，出入境游市场热度持续高涨，2023年出入境游约683万人次，其中出境游约360万人次，入境游约323万人次，均接近2019年同期水平。

随着航空、酒店、地接等旅游目的地相关资源的恢复，出境游市场有望迎来进一步复苏成为共识。

美团、大众点评数据显示，2024年出境游相关预订量大幅提升。截至3月11日，清明假期（3月30日至4月6日）期间，国内长线游、出境游相关预订量大幅提升，境外酒店的提前预订量比上一年同期增长3倍。其中，泰国的同比增幅更是达到7倍。

华金证券分析师表示，在出境游板块免签、出境政策持续优化的背景下，叠加第三次出境跟团游国家和地区的扩容，再加上国际航班运力的进一步恢复，出境跟团游相关旅行社及平台有望率先受益。

（资料来源：根据网络资料整理）

思考：旅游业的蓬勃发展对旅游电子商务从业人员的能力提出了哪些新要求？

二、理论知识

知识点1 游你创OTA系统介绍

游你创OTA系统是一款专为旅游领域打造，且重点聚焦大学生旅游领域创新创业场景的专业化在线旅游管理系统。

该系统采用开源技术开发，以 PHP+MySQL+Apache 为基础架构，后台依托基于 MVC 模型构建的 PHP5 框架——开源 Kohana 结构搭建，具备稳定的技术支撑，运行环境要求为 Windows Server 2008 R2、SQL Server 2008 版本以上。

其核心定位在于为两类群体提供支持：一方面，针对旅游企业，该系统可助力其轻松完成旅游网站建设、营销推广及业务管理工作；凭借强大的功能、完善的营销支持及良好的扩展性，它成为旅游电子商务领域领先的 B2C 解决方案；另一方面，聚焦大学生群体，系统以降低技术门槛、提升运营效率为核心目标，整合了三大核心能力，构建了覆盖旅游产品与服务的创意策划、营销推广、经营管理、数据追踪、客户维护全流程的理论与实践体系。具体而言，一是提供模块化、可视化的旅游网站搭建工具，支持大学生快速构建包含景点展示、线路规划、用户交互等功能的个性化线上平台；二是搭载多样化网络营销组件，涵盖活动策划、用户行为分析、流量转化等工具，助力精准触达目标客群；三是内置全流程业务管理中台，实现订单处理、客户信息维护、旅游资源调度等环节的数字化管控。通过"建站-营销-管理"的一体化解决方案，为大学生团队在旅游创新创业过程中提供从线上平台搭建到业务落地运营的全链路支持，能有效适配校园周边游、研学旅行、定制化旅游等多元创业需求。

在具体功能上，系统支持酒店、景区、休闲娱乐、美食等多类商家入驻，形成面向市场的旅游交易平台；为学生提供网店开设基础知识、经典案例、店铺及店面装修模板、VR 制作训练等资源，便于学生开展店铺开设实践，强化旅游产品设计、包装、销售策划等能力；同时，系统已实现互联网运营，支持任务驱动下的旅游大数据整合应用，涵盖"游、购、行、住、食"全链条数据，助力学生掌握旅游电商平台的实操技能，提升就业适配性。

这些功能的实现，以系统的设计原则为指导、以栏目架构搭建为支撑，下面详细介绍系统的核心设计原则与栏目架构设计。

1. 核心设计原则

（1）泛子站点架构应用原则。

针对拥有海量旅游产品和软文数据（如超过 1 万条）的大型旅游网站建设需求，游你创 OTA 系统遵循泛子站点架构应用原则，提供相应解决方案。

① 数据组织优化：通过建立独立二级域名子站，实现数据的扁平化组织，减少数据之间的纵深关联，便于灵活组织前台站点数据，提升数据管理效率和用户访问体验。

② 搜索引擎优化：该架构设计有助于搜索引擎爬虫抓取网站内容，提升长尾关键词在搜索引擎中的排名，从而吸引更多流量，增强网站的网络影响力和市场竞争力。同时，系统支持数据的统一管理和前台用户单点登录，为建设超大规模旅游网站提供了技术保障。

（2）扁平化和树形架构相结合原则。

① 网站建设结构的扁平化：SEO 建站技巧中要特别注意的一点，一般来说，网站目录层次越浅，越容易被搜索引擎抓取和收录。旅游电子商务实训系统模板开发严格遵循中小规模站点网页设计不超过 3 级的原则，以优化搜索引擎友好度，提升网站收录效率。

② 网站树形架构：网站树形架构涵盖物理和逻辑两个层面的层级关系。在物理层面，系统凭借强大的栏目分类管理功能，可构建标准化的树形架构；在逻辑层面，通过分类相关设计和标准面包屑导航，构建清晰的逻辑树形架构，使网站结构层次分明，便于用户浏

览和搜索引擎理解。

2. 栏目架构设计

（1）景区全景栏目：该栏目是支持用户自由上传全景资源的可维护频道，整合了中国大量的世界遗产、5A级及著名热点景区的360°全景资源。

（2）模拟交易环境：模拟真实旅游电商交易环境，让学生在校内网中即可完成在线开店、旅游定制师预约等操作。

（3）技能实训栏目：通过导游、酒店预订等系统栏目设置，让学生充分体验旅游电子商务需要的各项技能，在教学中得到技能的实际提升。

知识点2　产品功能结构

游你创OTA平台功能丰富、架构明晰，围绕旅游电子商务业务核心，将功能结构科学划分为以下九大模块。

1. 产品管理模块

产品管理模块负责旅游产品全生命周期管理功能，涵盖发布、配置等操作流程。所有旅游产品都按模块化方式嵌入系统，理论上基础系统保留文旅产品模块。其他产品功能以应用商城扩展形式实现。为了简化目录层级，将产品管理、订单管理、产品咨询、产品评论、产品配置等设为一级功能。

产品管理包含线路、酒店、门票、租车等产品管理。学生模拟供应商角色开展实战操作时，通过该模块完成产品上架、订单处理、客户咨询响应等业务。

以线路产品为例，其下设有线路产品管理、线路订单处理、线路咨询回复、线路评论管理、线路配置调整、线路通知配置等子功能，以确保各品类产品可实现精细化管理。

2. 软文管理模块

软文管理模块是对系统辅助文章类功能模块进行归类管理的模块，虽不直接产生订单，但与产品紧密关联，是营销推广的重要组成部分。后台管理人员可通过此模块植入软文，实现旅游产品与服务的软性宣传。该模块涵盖问答、帮助指南、私人定制案例、相册展示、游记分享、文章发布、结伴邀约等功能。

3. 站点管理模块

站点管理模块负责系统前台站点的配置与管理，围绕电脑端、移动网页端、微信端等不同终端及公共设置，实现对游你创OTA系统前台站点的精细化配置与管理，满足多样化的用户访问需求和统一化的系统设置需求。

（1）电脑端站点主要服务于用户在电脑设备上的访问需求，注重页面呈现与交互功能设置。通过主导航、自定义导航、底部导航等模块，构建清晰的页面导航体系，使用户能够快速定位所需内容；而在线客服与三方客服功能，则确保用户咨询能得到及时响应；友情链接的设置，则有助于拓展站点的合作渠道与引流路径，提升平台的曝光度与流量。

（2）移动网页端站点依据移动设备的特性进行优化配置，涵盖基础参数、主导航、底部导航、移动模板等模块。基础参数可对移动端适配的基本属性进行调整，确保页面在不同移动设备上正常显示；主导航和底部导航为用户提供便捷的操作路径；移动模板支持根据不同场景切换展示样式，例如旅游攻略页面、产品预订页面等可选用不同模板，从而提升用户在移动端的浏览与操作体验。

（3）微信端站点深度融合微信生态，核心功能集中于公众号设置，包括公众号菜单配置、消息推送管理等。通过合理配置公众号菜单，可将平台核心功能与服务直接呈现给微信用户；消息推送管理则能针对不同用户群体，精准推送旅游产品优惠、活动资讯等内容，实现基于微信平台的功能拓展与营销推广，利用微信庞大的用户基础提升平台的用户活跃度与商业价值。

（4）公共设置模块作为站点管理的统筹模块，负责对系统各站点通用的参数与资源进行统一管理。其中，全局出发地和全局目的地设定影响着搜索与推荐功能的结果展示；无图设置、图标管理、网站头像等用于优化各站点的界面视觉效果；广告管理、水印设置、图库管理则分别从广告投放、版权保护、图片资源存储调用等方面，对各站点进行统一规范与管控，确保各终端站点在保持特色的同时，遵循统一的系统标准。

4. 用户管理模块

用户管理模块通过对不同类型用户进行针对性管理，以及对通用用户信息与权限的统一配置，实现平台用户体系的有序运行，保障各业务环节能够高效开展。

（1）会员用户管理围绕提升普通消费者使用体验与平台黏性展开，涵盖注册登录、信息维护、等级权益等模块。

（2）管理员用户管理聚焦于搭建安全、高效的平台管理体系，主要包括角色权限配置、账号管理与操作审计等模块。

（3）供应商用户管理主要针对酒店、景区、旅行社等旅游产品及服务提供者，通过规范入驻流程、动态合作管理与数据协同，保障平台资源供应的优质性与稳定性。涵盖供应商类别、供应商分类、供应商中心的logo设置、底部设置等模块。

（4）分销商用户管理致力于构建并拓展平台销售渠道，通过资质审核、等级管理、推广赋能与数据追踪等，实现平台与分销商的互利共赢。涵盖分销商列表、分销商审核、分销商等级、分销商分组、分销说明、佣金设置等模块。

5. 财务管理模块

财务管理模块为平台管理人员提供一站式财务统计与管理功能，通过整合财务数据，实现对资金流动的高效监控与精准核算，助力平台财务管理规范化、透明化。该模块目前涵盖财务总览、充值记录、提现审核等财务模块，后续将扩展更多财务模块。

6. 接口管理模块

接口管理模块是连接平台内外部系统的枢纽，通过标准化协议实现数据互通与功能协作，保障信息同步，提升运营效率。其具体组成如下。

（1）业务类接口。

产品接口：对接携程机票、惠泽保险、保游保险等外部资源，引入丰富旅游产品。

支付接口：集成支付宝、微信支付、中国银联等主流支付渠道，支持多样化交易场景。

（2）通信类接口。

短信接口：实现订单通知、验证码发送等短信服务功能。

邮箱接口：用于发送营销邮件、账单通知等信息。

（3）账户类接口。

三方登录接口：接入QQ、微信、新浪微博等第三方账号，简化用户注册登录流程。

平台账号互通接口：借助UCenter等技术，实现多平台间账号体系的互联互通。

7. 营销推广模块

营销推广模块运用多元策略精准触达用户，吸引流量、促进销售，助力平台提升市场竞争力与业务规模。该模块具体组成如下。

（1）基础优化工具，如 Robots 设置、关键词统计、智能内链、SiteMap 生成等，优化平台搜索引擎可见性。

（2）数据分析工具，包括来源分析、死链排查、热搜词分析等，为运营决策提供数据支持。

（3）内容营销组件，如专题页制作、Tag 管理、批量 Title 设置等，助力打造多样化营销内容。后续还将新增优惠券发放、限时折扣、拼团活动等营销方式，持续丰富推广手段。

8. 增值服务模块

增值服务模块是专为会员提供的服务管理模块，主要包括授权配置、系统升级、我的应用、应用商城、模板商城等模块。

增值服务模块通过提供差异化、个性化服务，丰富平台服务内容，增强用户黏性，拓展盈利渠道。

9. 系统设置模块

系统设置模块是定位于针对后台管理的功能模块，主要包括版本管理、伪静态色值、备份恢复、参数开关、操作日志、扩展产品、汇率管理等模块。

三、任务训练

实训　注册游你创 OTA 账号

【实训目的】

了解游你创 OTA 的主要功能，理解 OTA 在旅游电子商务活动中的重要性。

【实训步骤】

（1）4～6 人为一组，全班同学分成若干小组。

（2）以小组为单位，每人用自己的语言简明扼要地阐述使用游你创 OTA 的感受。

（3）以小组为单位，每人说出 1～2 点自己对 OTA 在旅游电子商务活动中的重要性的理解。

（4）每组选派代表上台做交流发言。

【实训要求】

在实训步骤（2）中，要求语句及内容完整，表达清晰；在实训步骤（3）中，要求结合旅游企业业务实际需求来谈 OTA 对旅游电子商务活动的意义；小组代表总结发言时，应对小组活动情况做真实概括，具有较强的总结性。

【实训评价】

评价指标	自我评价	小组评价	教师评价
参与度			
准确度			
完整性			
成效性			

四、课外拓展

（一）拓展阅读

旅游迈向繁荣新周期，OTA 更被需要

2025 年两会期间，旅游消费再成焦点之一。《2025 年政府工作报告》多处提及文化和旅游内容，明确指出要"释放文化、旅游、体育等消费潜力"；文化和旅游部部长孙业礼也表示："文化和旅游消费在扩大消费方面大有可为。""把文化旅游业培育成支柱产业，对于推动我们国家高质量发展，应该说是恰逢其时、意义重大。"

2024 年中国国内旅游人次达 56.15 亿，同比增长 14.8%，已接近 2019 年同期水平；2024 年国内游客出游总花费达 5.75 万亿元，同比增长 17.1%，超越 2019 年同期并创下历史新高。

世界旅游及旅行理事会发布的全球旅游业报告预测，2033 年，中国旅游业产值将从 2024 年的 9380 亿美元增长到 4 万亿美元，年复合增长率约为 18%。

同时，一个趋势更加明显：OTA 正在中国旅游市场变革中发挥更重要的作用。

直观来看，根据 Fastdata 极数发布的《中国旅游行业年度报告 2024》，中国旅游在线交易率持续快速升高，2024 年达到 51.5%（见图 4.1），再创历史新高。在提升旅游消费线上化率进程中，OTA 承担着重要角色。

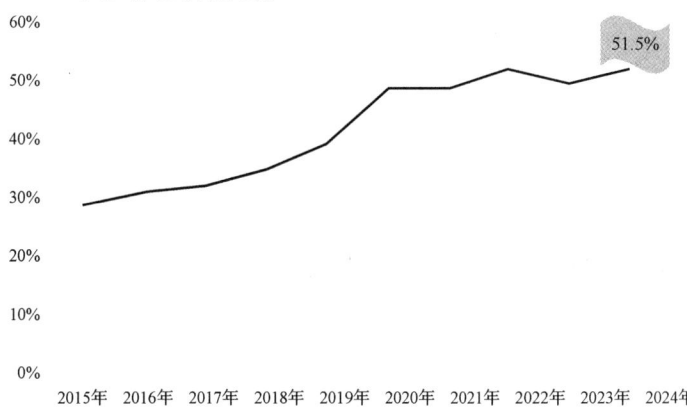

图 4.1　中国旅游在线交易率趋势

（资料来源：Fastdata 极数）

更重要的是，旅游已成为一种大众消费，叠加多元需求、体验旅游兴起，旅游供应端需要被充分调动和开发，才能紧跟时代发展的步伐，实现供需两端的精准匹配。拥有强大资源整合和数智化能力的 OTA 自然更能满足新的发展需求，发挥实现旅游供需两端精准匹配的作用。

当下，OTA 是扛起释放旅游消费潜力大旗的存在，也更有可能推动中国旅游市场的底层逻辑从短期需求释放转向供需两端协同升级，助力中国旅游市场进入持续性繁荣的新周期。

在这个意义上，OTA 从未像现在这般被需要过。

（资料来源：根据网络资料整理）

（二）课后实践

使用游你创 OTA 完成旅游产品的购买，理解消费者在做旅游消费决策时的影响因素有哪些。

任务二 旅行社电子商务

任务描述

了解游你创 OTA 旅行社电子商务的主要功能。通过游你创 OTA 的现场模拟演练,掌握游你创 OTA 旅行社电子商务的运用要求。

学习目标

知识目标	能力目标	素养目标
1. 了解游你创 OTA 旅行社电子商务的主要功能; 2. 理解游你创 OTA 对旅行社电子商务的重要性; 3. 掌握游你创 OTA 旅行社电子商务的运用要求	1. 能够在游你创 OTA 设计旅游线路; 2. 能够使用游你创 OTA 上架旅游线路	1. 树立创新意识; 2. 具备正确、专业的工作价值观和工作规范性

一、案例导入

西行川藏——自驾游门户网

西行川藏以川藏线自驾游、自助游为核心产品定位,为川藏线旅游的游客提供全面的路况信息及旅游咨询服务,致力打造川藏线旅游第一品牌!

西行川藏以提供最全面的路况信息及最安全的川藏线旅游方式为服务目标,提供包团旅游服务和酒店、租车、门票、导游等单项旅游预订产品。

西行川藏网站(见图 4.2)通过思途 CMS 提供的 SEO(搜索引擎优化)旅游网站优化技术和服务,围绕企业战略定位,建设川藏线自驾游门户网站,以目的地子站点的方式优化川藏线重点旅游景区,开设稻城亚丁、四姑娘山、海螺沟、九寨沟等数十个目的地旅游网站。西行川藏通过 10 年的战略布局和持续投入,目前发展加速,进入成长的快车道。

图 4.2 西行川藏网站首页

（资料来源：根据网络资料整理）

思考：在旅行社数字化转型中，旅游类学生应掌握哪些新技能？

二、理论知识

知识点1 游你创OTA线路产品基本信息设置

打开游你创OTA官网，如图4.3所示。单击"开店"按钮，进入供应商管理登录页面，登录后，执行"产品管理"→"线路"命令，进入"线路管理"页面，在该页面中选择"线路管理"选项，如图4.4所示，对线路产品进行基本信息设置。

图4.3 游你创OTA首页

图4.4 线路管理

1. 基础信息设置

基础信息包含站点、产品名称、标题颜色、产品卖点、出发地、目的地选择、产品属性、图标设置、旅游天数、提前天数和显示数据等内容，如图4.5所示。

2. 图片管理设置

可以通过相册选择、本地上传或网络图片上传线路产品的图片，如图4.6所示。图片上传后进行封面设置，如图4.7所示。

图 4.5　基础信息设置

图 4.6　上传图片

图 4.7　设置封面

3. 简要行程设置

简要行程是指对旅行活动或参观过程中主要环节和时间安排的简洁概括。它通常用于向用户快速传达整个活动的安排和重点内容，帮助他们了解大致的时间分配、主要活动或景点的顺序，以及可能需要注意的关键节点。如可用"第一天、第二天……"这种简单日常安排的格式进行撰写，如图 4.8 所示。如果是特殊旅游线路产品，如研学旅行产品，也可根据每天研学的主题活动进行简要行程的撰写，如图 4.9 所示。

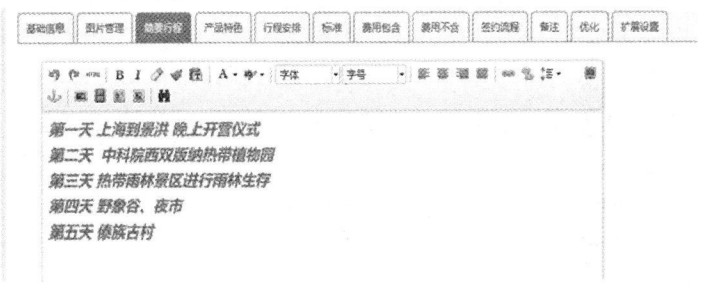

图 4.8　日常安排行程格式

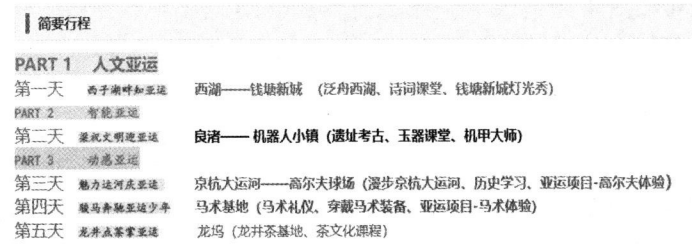

图 4.9　主题活动行程格式

4. 产品特色设置

线路产品的特色是吸引消费者的关键因素之一。提炼线路产品特色时，需突出其独特性、优势和价值，同时要简洁明了，易于理解和记忆，如图 4.10 所示。

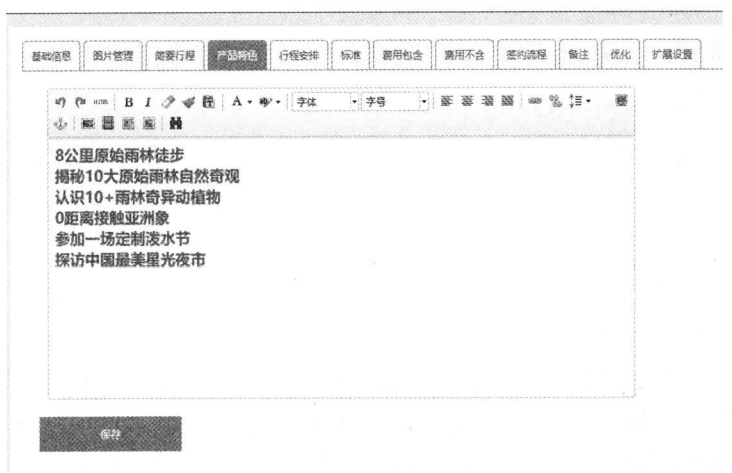

图 4.10　产品特色设置

（1）明确核心价值：线路产品需依托自身独特资源，打造出独具特色的复合体验，这种体验应是其他产品难以提供的。它可以是自然景观与人文活动的结合，也可以是特殊场景下的专属安排等，需与常规产品的浅层体验形成鲜明区别，凸显其独特的存在意义。

（2）提炼关键卖点：明确线路产品所面向的主要受众群体，针对不同群体的需求，突出相应的特色。通常提炼3～5个关键优势，这些优势要能精准满足目标群体的核心诉求，让受众能清晰感知到该线路产品对自己的价值。

（3）使用简洁的语言：用简洁明了的文字浓缩线路产品的核心体验，避免复杂冗长的表述。可以是简短的短语或句子，使其易于理解和记忆，快速传递线路的核心信息。

（4）结合故事性元素：通过构建一段连贯的场景描述或情节叙事，让消费者在脑海中形成画面感，从而引发情感上的共鸣。使线路产品不再是冰冷的行程安排，而是一段能触动人心的旅程故事。

（5）突出视觉元素：选取线路中具有标志性的景观或特色活动作为视觉焦点，这些元素应能构成线路最具辨识度的画面。既可以展现自然或人文景观的独特魅力，也可以凸显特色活动的精彩之处，给人留下深刻印象。

5. 行程安排

行程安排设置如图4.11所示，包括对排版方式、用餐情况、住宿情况、往返交通等基本模块信息和行程内容、提取景点模块信息的设置。

图4.11 行程安排设置

行程内容：编辑行程内容。行程内容是产品的精华所在，需要结合地图、图片、文字、链接等进行编辑。可以调整字体的格式，也可以根据行程安排需要进行内容的添加。

提取景点：首先在景点栏目中添加景点，并添加景点简称，提取景点功能会将行程内容中含有景点简称的景点自动调出，方便地调用景点介绍和图片，有效提升行程添加效率，避免了在不同行程中重复添加同一景点的工作。

6. 费用设置

费用设置包括两个部分，一个是费用包含，即说明该线路产品里包含的交通、住宿、餐食、门票等各项目内容，如图 4.12 所示；一个是费用不含，即自理费用的补充说明，如图 4.13 所示。

费用包含

成人【12周岁及以上】	儿童【2-12周岁(不含)】	
交通	接送：目的地拼车接送机(站)服务 机票：往返经济舱机票（已含机建、燃油税）	接送：目的地拼车接送机(站)服务 机票：往返经济舱机票（已含机建、燃油税）
住宿	行程所列酒店住宿费用	行程所列酒店住宿段，儿童不占床(与成人共用床铺)。但是若您为1大1小出行，为避免打搅您和同房客人的休息，则儿童必须占床，请您预订页面中选择1间房或补差选项
餐食	成人包含7次：3早餐 3午餐 1晚餐	儿童包含7次：3早餐 3午餐 1晚餐
门票及地面项目	行程中所列景点/场馆首道大门票	因景区/场馆标准不一样，儿童价不含景区/场馆门票费用，如产生儿童门票费用，游客可自行到景区/场馆购买门票或由服务人员代为购买
随团服务人员	全程普通话导游服务	全程普通话导游服务

图 4.12　费用包含说明

费用不含

门票及地面项目	景区景点/场馆内收费参考：蓝月谷景区/场馆小交通
补充	超重行李的托运费、保管费；酒店内洗衣、理发、电话、传真、收费电视、饮品、烟酒等个人消费；自由活动期间用车、陪同服务；一切个人消费及费用包含中未提及的任何费用
单房差	综合考量目前常规团队出行人群结构并考虑实际入住体验等因素，本产品暂时无法提供拼房。报价是按照2成人入住1间房计算的价格，请在页面中选择所需房间数或单人房差选项 本产品可尝试申请3人间或加床服务，如您需3成人入住1间房，在预订时备注，后续是否可以安排及相关费用以员工回复为准（温馨提示：当地酒店面积小，加床可能会引起您的不便）

图 4.13　费用不含说明

7. 签约流程设置

该流程填写签约付款的相关内容，一般分为在线签约、传真签约、上门签约、门市签约。付款可通过网上银行、第三方支付、对公汇款等方式进行。

（1）在线签约。通过在线签约页面进行签约，付款成功后，通过电子邮件接收电子版合同，与门市签约及传真签约同等有效。

（2）传真签约。双方在合同上签字盖章后，通过传真进行签约，如涉及签证材料需要快递，请在快件中注明订单号，以便工作人员及时处理。

（3）上门签约。专业团队提供上门签约收团款、收出境材料服务，通常支持 POS 刷卡立付。

（4）门市签约。在门市进行签约付款。

8. 备注

备注主要包括成团说明、违约条款、注意事项等。前述线路中没有提到的有关事项都可以放入备注。如成团说明可以从人数达到多少人成团等进行阐述；违约条款可以从提前几天可以获得全额退款等进行说明；注意事项可以从安全提醒、住宿安排、年龄限制、身体健康状况等方面进行说明。

知识点 2　游你创 OTA 线路产品报价设置

当完成线路产品基本信息设置后，就可以通过添加套餐，进行报价设置。套餐管理主要是针对已有线路进行的报价设置。可以从成人、儿童、教师、学生、老人等不同角色提供对应的报价，设置相应的套餐产品。

1. 线路套餐基本设置

线路套餐基本设置包括会员预订方式、会员支付方式、退款类型、预订确认方式、套餐说明等内容的设置，如图 4.14 所示。

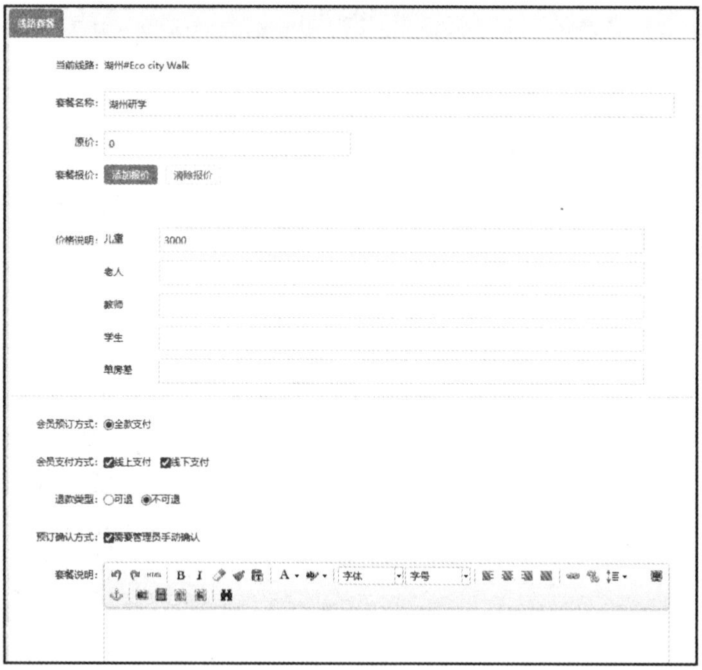

图 4.14　线路套餐设置

2. 线路产品报价注意事项

线路产品报价是旅游业务中的重要环节，合理的报价不仅能吸引客户，还能保障企业的利润空间和可持续发展。以下是线路产品报价时需要注意的事项。

（1）明确产品信息。报价前需梳理线路行程、交通、住宿、餐饮、门票、导游等详细内容，确保报价完整准确。

（2）了解市场行情。调研竞争对手同类线路的定价、优惠及卖点，分析目标客群消费能力和价格敏感度，制定适配定价策略。

（3）核算成本。全面统计交通、住宿等固定成本，考虑因季节等因素导致的变动成本波动，预留弹性空间，通过精细核算规避亏损。

（4）合理设定利润。结合经营战略平衡短期利润与长期市场份额，对不同产品线分层设定利润，如大众线路薄利多销，高端线路侧重溢价。

（5）灵活运用定价策略。依据产品周期和市场定位，新线路可采用撇脂或渗透定价；运用心理定价技巧，如尾数定价；淡季推出促销活动吸引客户。

（6）考虑政策与市场变化。关注旅游政策调整，避免违规；注意通货膨胀、汇率波动，及时调整报价，确保毛利率稳定和风险可控。

（7）报价沟通与调整。建立动态报价机制，定期更新报价单并标注有效期；与客户沟通时灵活调整，如提供团体折扣或按需重新核算，提升成交率。

（8）注意报价细节。保证价格数据精确，标注清晰费用单位；明确区分报价包含与不包含项，列明退改政策，减少争议，维护信誉。

3. 线路产品报价操作流程

（1）在"线路管理"页面选择"套餐管理"选项，选定需要报价的线路，单击"添加套餐"按钮，如图4.15所示。

图4.15 线路产品套餐管理

（2）单击"添加报价"按钮，对售卖线路产品的日期范围进行选择，并根据人群制定价格，设置单房差和库存数量，如图4.16和4.17所示。

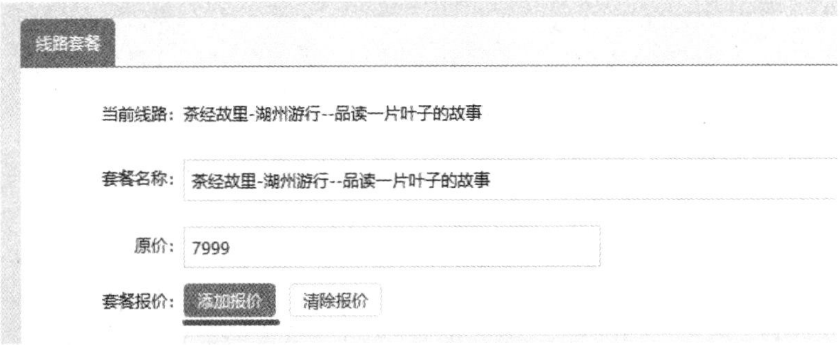

图4.16 线路产品报价设定

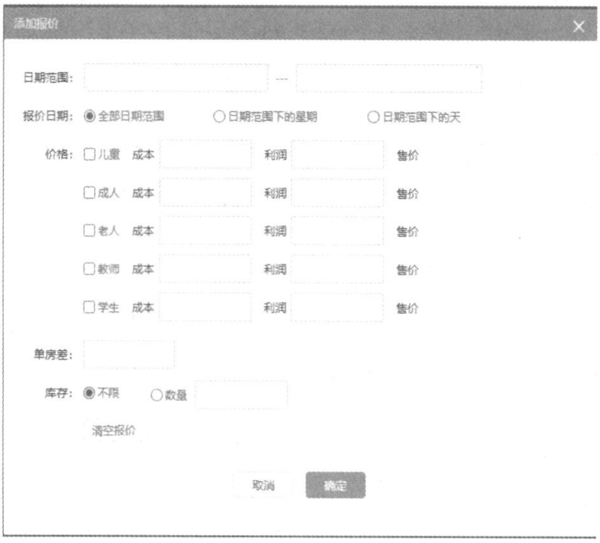

图 4.17 添加报价

（3）需结合线路产品所需的实际成本进行合理报价。报价成功后会出现售卖日历，如图 4.18 所示。这里一定要注意只能选定顾客类型进行成本和利润的设置，如果全部选定无法完成报价。针对不同人群的报价要重新进入套餐管理，进行线路套餐和报价的设置。

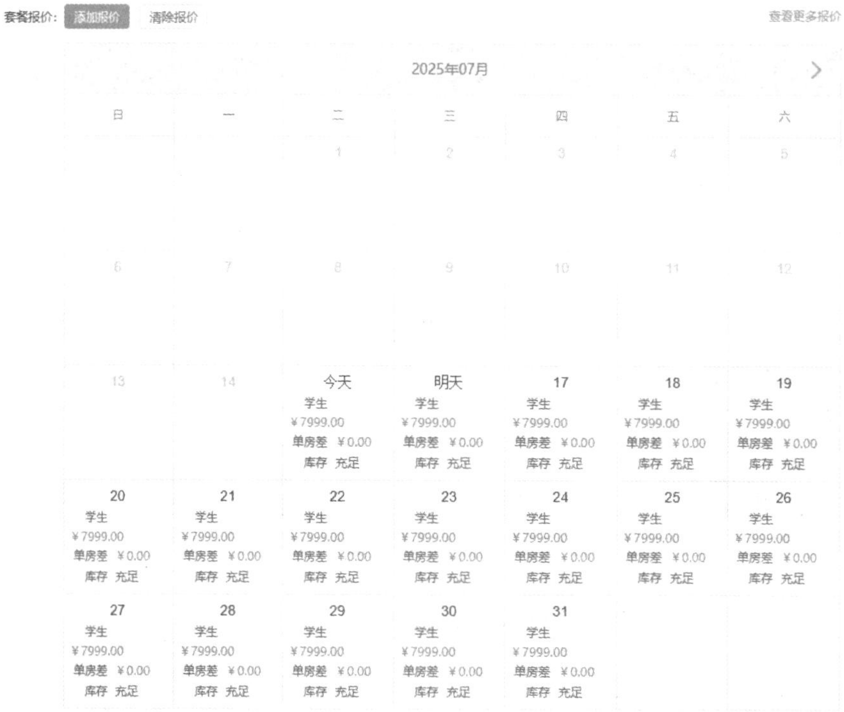

图 4.18 售卖日历

（4）教师审核无误后可以上架。线路产品上架后，会员就可以在游你创平台进行购买，如图 4.19 和图 4.20 所示。

图 4.19　线路产品上架

图 4.20　会员购买界面

三、任务训练

实训一　在游你创 OTA 设计一条跨省三日游线路产品

【实训目的】

通过真实的工作任务让学生掌握游你创 OTA 的旅游线路设计管理功能。

【实训步骤】

（1）4～6 人为一组，全班同学分成若干小组；

（2）以小组为单位，设计一条跨省三日游旅游线路，完成线路的设计、美化、报价、发布等工作内容；

（3）以小组为单位，介绍本次旅游线路的特点、针对人群、价格策略等；

（4）每组选派代表上台做点评、交流发言。

【实训要求】

在实训步骤（2）中，要求内容完整、准确，具有吸引力；在实训步骤（3）中，要求内容完整，表达清晰；小组代表总结发言时，应对小组活动情况做真实概括，具有较强的总结性。

【实训评价】

评价指标	自我评价	小组评价	教师评价
参与度			
准确度			
完整性			
成效性			

实训二　分析游你创 OTA 线路产品

【实训目的】

通过真实的工作任务让学生掌握游你创 OTA 线路产品设计的要求。

【实训步骤】

（1）4~6 人为一组，全班同学分成若干小组；

（2）以小组为单位，分析游你创 OTA 上的热门旅游线路的产品特点、价格策略、改进措施；

（3）以小组为单位，介绍调研分析结果等；

（4）每组选派代表上台做点评、交流发言。

【实训要求】

在实训步骤（2）中，要求内容完整、准确，具有吸引力；在实训步骤（3）中，要求内容完整，表达清晰；小组代表总结发言时，应对小组活动情况做真实概括，具有较强的总结性。

【实训评价】

评价指标	自我评价	小组评价	教师评价
参与度			
准确度			
完整性			
成效性			

四、课外拓展

（一）拓展阅读

2024 年旅游市场秩序整治典型案例（第二批）

为进一步规范旅游市场秩序，推进旅游业高质量发展，文化和旅游部部署开展旅游市场秩序专项整治行动。整治行动期间，各地执法人员共检查经营单位 13.3 万余家次，查办案件2660件，有力规范了旅游市场秩序。现将第二批旅游市场秩序整治典型案例公布如下。

案例一：未经许可经营旅行社业务案

2024年8月，执法人员在网络巡查中发现，广州市花都区狮岭倚峰户外活动策划工作室（个体工商户）通过运营的微信公众号发布旅游招徕信息。经调查，该个体工商户在未取得旅行社业务经营许可证的情况下，组织74名旅游者参加"畅游21℃冷泉滩地下河"一日游行程，收取的团费包含交通、餐饮、景点门票、导游服务等费用。当事人的行为违反了《中华人民共和国旅游法》第二十八条的规定，2024年10月，广州市花都区文化广电旅游体育局依法对广州市花都区狮岭倚峰户外活动策划工作室作出没收违法所得、罚款10000元的行政处罚。

案例二：未经许可经营旅行社业务案

2024年6月，执法人员接到小飞自驾游俱乐部（镇江）有限公司通过抖音号、微信公众号发布旅游招徕信息的举报线索。经调查，该公司在未取得旅行社业务经营许可证的情况下，组织18名旅游者参加"浙江建德二日游"行程，收取的团费包含餐饮、住宿、景点门票等费用。当事人的行为违反了《中华人民共和国旅游法》第二十八条的规定，2024年8月，镇江市文化广电和旅游局依法对小飞自驾游俱乐部（镇江）有限公司作出没收违法所得、罚款10000元的行政处罚，对有关责任人员王某某作出罚款2000元的行政处罚。

案例三：向不合格的供应商订购产品和服务案

2024年7月，新疆疆雪国际旅行社有限公司组织5名旅游者参加新疆12日游行程，通过某车队微信群租用不具备营运资质的车辆为旅游者提供交通服务。经调查，车队实际经营主体为个人，该旅行社未核验提供交通服务的供应商资质。当事人的行为违反了《中华人民共和国旅游法》第三十四条的规定，2024年11月，乌鲁木齐市文化广播电视和旅游局依法对新疆疆雪国际旅行社有限公司作出没收违法所得、罚款18500元的行政处罚，对直接负责的主管人员宋某某作出罚款3800元的行政处罚。

（资料来源：根据网络资料整理）

（二）课后实践

选定浙江某一5A级景区，统计游你创OTA关于该景区的相关旅游线路，分析不同线路产品的特点。

任务三　酒店电子商务

任务描述

了解游你创OTA酒店电子商务的主要功能，掌握游你创OTA酒店产品设计与管理。

旅游电子商务

学习目标

知识目标	能力目标	素养目标
1. 了解游你创 OTA 酒店电子商务的主要功能； 2. 理解游你创 OTA 对酒店电子商务的重要性； 3. 掌握游你创 OTA 酒店电子商务的运用要求	1. 能够在游你创 OTA 管理酒店订单； 2. 能够使用游你创 OTA 上架酒店产品	1. 树立创新意识； 2. 具备正确、专业的工作价值观和工作规范性

一、案例导入

酒店业的立与破：存量时代探索转型

《2024 年中国酒店业发展报告》显示，2023 年中国住宿业设施达 611540 家，客房 18049137 间。然而，2024 年酒店业整体呈下降趋势，平均入住率、房价和每间可供房收入均有所下降。酒店行业资深高级经济师赵焕焱指出，酒店业供大于求，经营水平下行，国际品牌在华酒店经营水平普遍下降，竞争转向存量市场，酒店开始尝试向海外发展。

携程数据显示，2024 年全年酒店预订量有所增长，银发客群成为高端酒店消费的新兴主力军，四、五星酒店订单同比增长超过 10%，宠物友好型酒店和电竞主题房的需求分别增长 23% 和 30%。携程研究院高级研究员沈佳旎分析称，消费者需求的多元化趋势正在重塑行业格局。

面对市场变化，酒店业头部企业纷纷调整策略。华住集团首席执行官金辉强调，在规模扩张的同时，需秉持质量大于规模的增长理念。而更多的企业在服务创新上破局，三亚半山半岛帆船港酒店以星级酒店的清洁标准开展上门家政服务。赵焕焱评价道："酒店业开展外部服务是转型的第一步探索。"

民宿行业的转型步伐加快。途家高级副总裁胡阳表示，民宿已经从满足基本住宿需求升级到提供情绪价值的新阶段。2024 年，平台上主打非遗体验、蹦趴聚会的民宿预订量同比增长 90%～170%。携程数据显示，"候鸟旅居"成为 2024 年的新消费趋势，为长租酒店带来 3 位数的同比增长。

2024 年，酒店业在供大于求的压力下，积极通过服务创新、细分市场深耕和消费场景延伸等方式探索新的增长点，但传统商业模式的局限性依然突出。未来，只有在政策支持、消费者需求升级和行业内部转型多重驱动下，酒店业才能在存量市场中找到可持续发展路径。

（资料来源：中国经营报）

思考：在数字化转型过程中，酒店业会受到哪些影响？该如何把握机遇、应对挑战？

二、理论知识

知识点 1　游你创 OTA 酒店产品基本信息设置

打开游你创 OTA 官网，单击"开店"按钮，进入供应商管理登录页面，登录后，执行

"产品管理"→"酒店"命令,进入"酒店管理"页面,在该页面中选择"酒店管理"按钮,对酒店产品进行基本信息设置,其中酒店设施不需要单独设置。

1. 基础信息设置

基础信息设置包括站点、酒店名称、酒店卖点、酒店地址、酒店坐标、联系电话、开业时间、装修时间、目的地、属性、星级、图标设置和显示数据等内容,如图4.21所示。

图4.21 基础信息设置

2. 酒店详细设置

酒店详细设置是对酒店的整体情况、设施、服务、位置等多方面信息的全面展示,旨在为潜在客人提供充分的信息,帮助他们在预订前对酒店有一个全面的了解。酒店详细设置可以从酒店地理位置、背景、建筑风格、周边环境等酒店特色与亮点展开介绍,如图4.22所示。

图4.22 酒店详细设置

3. 周边景点设置

周边景点设置可以从景点的名称、与酒店之间的距离、景点的类型、景点特色、从酒店如何交通出行、景点开放时间及门票价格等方面阐述，如图4.23所示。

图 4.23　周边景点设置

4. 服务项目设置

服务项目设置可以从酒店的配套设施、提供的个性化服务等方面介绍，如图4.24所示。

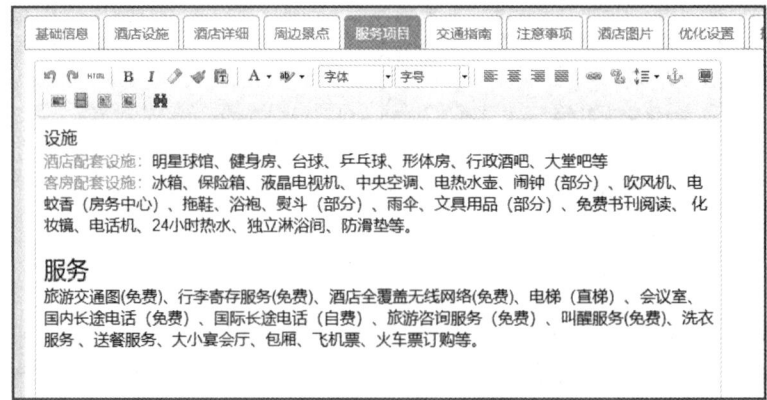

图 4.24　服务项目设置

5. 交通指南和注意事项设置

（1）设置交通指南可以参考距离××火车站、××飞机场、××客运中心、××市中心多少公里等形式来说明，如图4.25和图4.26所示。

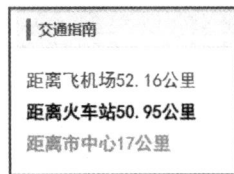

图 4.25　交通指南设置1　　　　　　　　图 4.26　交通指南设置2

（2）设置酒店注意事项可以从入住和退房时间、加床费用、是否禁止携带宠物等方面介绍，可以参考其他酒店的注意事项，如图4.27所示。

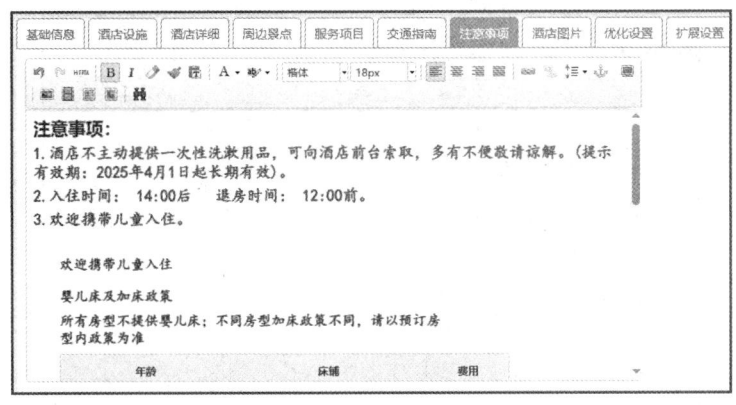

图 4.27 注意事项设置

6. 酒店图片设置

上传酒店有关图片,可以通过相册选择、本地上传和网络图片进行上传,并进行归类整理。上传图片后,进行封面设置,将鼠标放置在选中图片的左上角并将其设为封面,如图 4.28 所示。

图 4.28 酒店图片设置

知识点 2　游你创 OTA 酒店产品报价设置

在"酒店管理"页面,添加套餐,进行套餐管理。套餐管理主要是针对已有酒店产品进行设置。在酒店产品内容设计完成后保存,回到酒店列表选择套餐进行添加报价操作。可以结合房型特点进行报价,如标准间、豪华标准间、豪华大床房、女士大床房、亲子房等,可以自己增加有特色的房型,如图 4.29 所示。

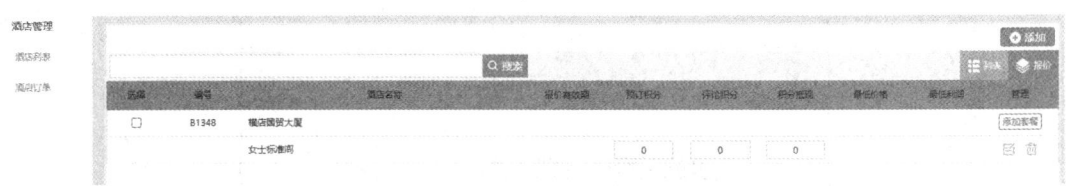

图 4.29 套餐管理

1. 添加房型

添加房型需设置房型名称,做房型说明,对房型的门市价、优惠价、房间面积、房间楼层、房间数、床型等方面进行设置,如图 4.30 所示。

图 4.30 添加房型

2. 设置房型图片

房型图片根据需要进行添加，可以从床型、设施、洗浴间等方面进行添加，需先进行封面设置，才可以将酒店最优的房型图展示给客人，如图 4.31 所示。

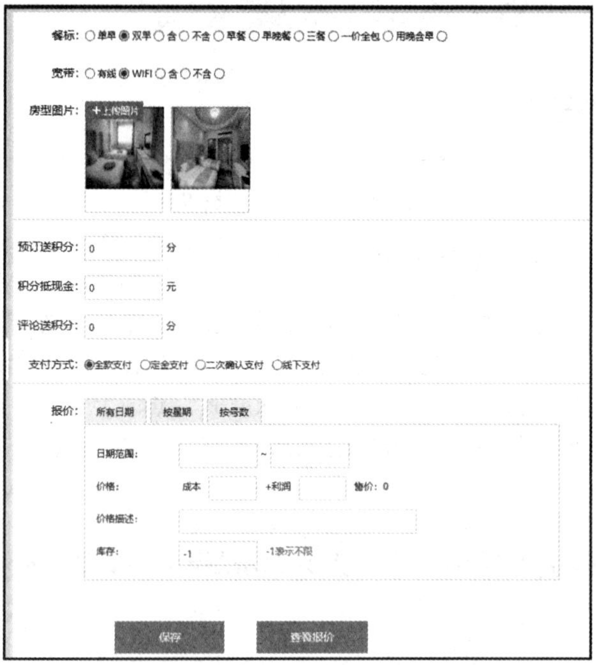

图 4.31 设置房型图片

3. 报价

酒店产品报价时需要注意以下事项，以确保价格合理、符合市场需求，同时又能最大化收益。

(1) 价格制定原则。

符合市场规律:酒店产品定价需符合当地物价部门要求,同时考虑客户消费能力。

保持稳定性与灵活性:价格应相对稳定,避免频繁变动,以免给消费者留下不稳定印象。但也要根据季节、市场需求等因素适当调整。

接受政策调整:酒店价格需符合国家旅游行政主管部门和行业协会的规定,尤其在特殊时期(如黄金周)可能面临限价管理。

(2) 定价策略。

成本导向定价:以产品或服务的实际成本为基础,通过成本加成(即成本加上合理预期利润)确定价格。其核心在于精准核算成本(如运营成本、人力成本等),确保定价覆盖成本并支撑合理收益。

需求导向定价:聚焦市场需求与消费者感知,根据目标客群对产品价值的理解程度、需求强度及价格接受阈值制定价格,使定价与客户心理预期及需求价值相匹配。

竞争导向定价:以竞争对手的价格策略为重要参考,结合自身产品优势与市场定位制定价格,避免因过度低价引发恶性价格战,同时保持市场竞争力。

(3) 市场调研。

了解市场动态:开展市场调研,实时了解旅游市场供求变化趋势,重点分析竞争对手的价格策略、产品特色及服务差异,为定价策略提供市场参考。

明确目标市场:通过调研明确核心目标客户群体,深入了解其消费能力、购买习惯、需求偏好(如对价格敏感度、服务侧重点等),确保定价与产品设计匹配客群需求。

(4) 服务内容与价格相匹配。

明确服务内容:酒店报价需清晰列明接待、客房、餐饮、娱乐、商场、租车等基础服务的包含范围,确保客户在预订时明确知晓服务内容,避免因信息模糊产生误解。

增值服务说明:对于除基础服务外的额外增值服务,需单独制定定价标准,并在报价或服务介绍中清晰标注服务内容、价格及适用场景,确保定价透明。

(5) 价格调整与沟通。

提前告知:价格调整前需通过正式渠道提前通知已预订客户,明确告知价格调整生效时间、新旧价格差异,避免因信息滞后引发客户不满。

深度沟通:在价格调整初期或新产品上市伴随价格变动时,需主动与客户开展针对性沟通,清晰解释调整原因(如成本变化、产品升级等),耐心回应疑问,必要时提供适配方案(如保价、补偿等),确保客户理解并认可价格变化。

(6) 关注政策调整与市场变化。

关注政策调整:密切关注政府出台的最高限价、最低限价、补贴等政策变化,确保报价严格符合政策要求,避免违规风险。

关注市场变化:实时监测旅游市场季节性波动、通货膨胀、汇率变动等市场因素,根据波动情况灵活调整报价策略,保持价格的市场适配性。

4. 产品上架并销售

产品经教师审核无误后可以上架,如图 4.32 所示。

图 4.32　产品上架

会员可以在游你创 OTA 进行购买。会员端购买界面如图 4.33 所示。

图 4.33　会员端购买界面

三、任务训练

实训一　在游你创 OTA 上架本省五星级酒店

【实训目的】
通过真实的工作任务让学生掌握游你创 OTA 的酒店管理功能。

【实训步骤】
（1）4～6 人为一组，全班同学分成若干小组；
（2）以小组为单位，选择本省某家五星级酒店，完成酒店的简要介绍、房型、价格设定、定位等工作内容；
（3）以小组为单位，介绍选取酒店的特点，运用电子商务平台销售采取的营销策略等；
（4）每组选派代表上台做点评、交流发言。

【实训要求】

在实训步骤（2）中，要求内容完整、准确，具有吸引力；在实训步骤（3）中，要求内容完整，表达清晰；小组代表总结发言时，应对小组活动情况做真实概括，具有较强的总结性。

【实训评价】

评价指标	自我评价	小组评价	教师评价
参与度			
准确度			
完整性			
成效性			

实训二　分析 OTA 酒店产品

【实训目的】

通过真实的工作任务让学生掌握 OTA 酒店产品销售的工作要求。

【实训步骤】

（1）4～6 人为一组，全班同学分成若干小组；

（2）以小组为单位，分析 OTA 热门酒店产品的产品特点、价格策略、改进措施；

（3）以小组为单位，介绍调研分析结果等；

（4）每组选派代表上台做点评、交流发言。

【实训要求】

在实训步骤（2）中，要求内容完整、准确，具有吸引力；在实训步骤（3）中，要求内容完整，表达清晰；小组代表总结发言时，应对小组活动情况做真实概括，具有较强的总结性。

【实训评价】

评价指标	自我评价	小组评价	教师评价
参与度			
准确度			
完整性			
成效性			

四、课外拓展

（一）拓展阅读

酒店 OTA 代运营能给酒店带来什么优势

随着互联网的普及和 OTA 的崛起，越来越多的酒店开始选择将自己的房源放到平台上销售，以此来拓展市场。然而，随之而来的平台规划、市场竞争对酒店的运营管理和推广提出了更高的要求，需要酒店的运营策略更高效和精准。因此，酒店 OTA 代运营服务越来越被酒店认可并接受。那么，OTA 代运营服务能给酒店带来哪些优势呢？

1. 增加酒店曝光度和拓宽销售渠道

酒店 OTA 代运营服务依托 OTA 平台为酒店搭建线上销售与展示窗口，帮助酒店接入平台庞大用户群，从而帮助酒店增加曝光度和拓宽销售渠道。

2. 提高酒店的线上销售业绩

基于酒店 OTA 代运营服务依托的平台的庞大用户群，通过代运营团队的专业运营手段，帮助酒店获得更多的订单和收益，提高酒店的线上销售业绩。

3. 提升酒店的品牌形象

酒店 OTA 代运营服务通过针对性平台推广和活动，可以提升酒店的知名度和品牌形象，在市场中强化品牌辨识度和美誉度，实现品牌层面的推广和宣传的效果。

4. 降低酒店的销售成本

酒店 OTA 代运营服务在销售和推广方面投入了大量的财力和物力，而酒店只需要支付佣金，即可降低自身的销售成本，提高利润。

5. 提高酒店的客户服务水平

酒店 OTA 代运营服务提供了完善的客服支持，对酒店客人的咨询和问题处理起到了积极的作用，助力酒店优化客户服务体验。

6. 提供专业的数据分析和营销支持

酒店 OTA 代运营服务提供专业的数据分析和营销支持，帮助酒店更好地了解市场动态和消费者心理，从而制定更有效的营销策略。

7. 制定专业的运营策略与规划

酒店 OTA 代运营服务依托专业的运营团队，能够为酒店制定针对性的运营策略和规划，从而确保酒店的线上运营有序、高效。

8. 提供及时的市场反馈

酒店 OTA 代运营服务团队实时关注市场动态，为酒店提供及时的市场反馈，帮助酒店快速应对市场变化，抓住商机。

9. 提供丰富的营销活动策划与执行经验

酒店 OTA 代运营服务团队拥有丰富的营销活动策划与执行经验，能够为酒店量身定制各类营销活动，提高酒店的知名度和吸引力。

10. 优化酒店线上形象与口碑

酒店 OTA 代运营服务通过专业的文案编辑和图片处理，为酒店打造优质的线上形象，同时通过积极回应客户评价和投诉，帮助酒店维护良好的口碑。

11. 提升酒店运营效率

酒店 OTA 代运营服务为酒店提供内部运营管理的建议和优化方案，帮助酒店提升运营效率，降低成本。

总的来说，酒店 OTA 代运营服务为酒店带来了诸多优势，不仅能提高酒店的曝光度和销售业绩，还能降低销售成本，提升品牌形象和客户服务水平。因此，酒店应当充分利用酒店 OTA 代运营服务，为酒店的未来发展奠定坚实的基础。

（资料来源：根据网络资料整理）

(二) 课后实践

选定本省某一星级酒店，实地调研该酒店使用 OTA 情况，以及其 OTA 业务情况。

任务四　景区电子商务

任务描述

了解游你创 OTA 景区电子商务的主要功能，掌握游你创 OTA 景区产品设计与管理。

学习目标

知识目标	能力目标	素养目标
1. 了解游你创 OTA 景区电子商务的主要功能； 2. 理解游你创 OTA 对景区电子商务的重要性； 3. 掌握游你创 OTA 景区电子商务的运用要求	1. 能够在游你创 OTA 管理景区门票订单； 2. 能够使用游你创 OTA 上架景区门票	1. 树立创新意识； 2. 具备正确、专业的工作价值观和工作规范性

一、案例导入

OTA 分销系统助力景区拓展线上销售渠道，实现无缝对接与高效管理

随着互联网技术的迅猛发展，旅游业也逐渐步入数字化时代。在线旅游平台（OTA）的兴起，为景区提供了新的销售渠道和发展机遇。OTA 分销系统应运而生，它帮助景区打通多种 OTA 分销接口，实现与各大平台的无缝对接，拓展线上销售渠道，提升运营效率。

1. 打通多渠道，实现无缝对接

OTA 分销系统可对接美团、携程、驴妈妈等主流 OTA，帮助景区将门票信息一键发布到各个平台，实现产品直连。游客可以通过任意 OTA 预订景区门票，订单信息将实时同步到景区系统，方便景区进行订单管理和游客核验。

2. 线上购票线下入园，畅享便捷体验

OTA 分销系统支持线上购票与线下入园的一体化连接。游客在预订成功后，无需单独换票，凭借订单二维码或身份证即可直接入园，享受更加便捷的入园体验。同时，系统还支持多种支付方式，满足游客多元化的支付需求。

3. 实时数据共享，助力景区精细化管理

OTA 分销系统可实现门票、订单、游客等信息的实时共享，帮助景区建立完整的数据体系。景区可通过数据分析，了解游客来源、消费偏好等信息，为制定更有针对性的营销策略提供数据支撑。此外，系统还提供丰富的统计报表，方便景区进行业绩分析和经营决策。

4. 降低运营成本，提升管理效率

OTA 分销系统将景区分销业务集中管理，减少了人工操作的环节，降低了运营成本。同时，系统还提供自动对账、结算等功能，进一步提升了管理效率。

5. 赋能景区，助力线上线下融合发展

OTA 分销系统帮助景区打通线上线下销售渠道，实现客流互通，为景区线上线下融合

发展提供助力。景区可通过OTA分销系统拓展客源,并引导游客到线下实体店进行二次消费,从而实现客源的深度挖掘和价值提升。

总而言之,OTA分销系统为景区提供了强大的线上分销工具,帮助景区拓展销售渠道,提升运营效率,实现数字化转型升级。在旅游业互联网化的浪潮中,OTA分销系统将成为景区不可或缺的利器。

(资料来源:根据网络资料整理)

思考:OTA分销系统对提升景区运营有哪些积极的作用?

二、理论知识

知识点1 游你创OTA门票产品基本信息设置

景区电子商务在游你创OTA中主要涉及门票产品的管理。打开游你创OTA官网,单击"开店"按钮,进入供应商管理登录页面,登录后,执行"产品管理"→"门票"命令,进入"门票管理"页面,如图4.34所示。单击"添加"按钮,进入"门票套餐"页面,如图4.35所示,对门票产品进行基本信息设置。具体设置内容如下。

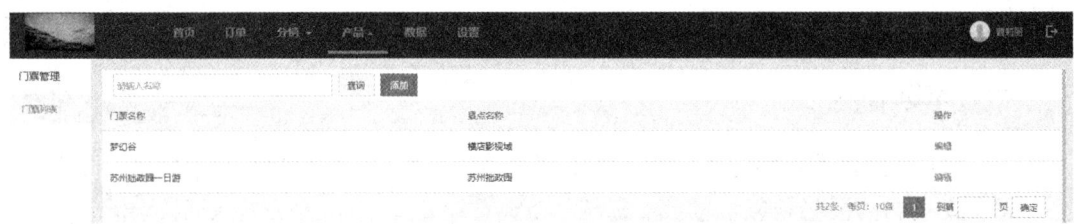

图4.34 门票管理

图4.35 门票套餐

1. 当前景点

在"门票套餐"页面，单击"选择景点"按钮，在弹出的"选择景点"对话框中选择景点，如图 4.36 所示。"选择景点"对话框中的景点产品可以通过游你创 OTA 后台进行添加或删减。

图 4.36　选择景点

2. 门票名称

门票名称也称为门票套餐名称，需要综合考虑景区或活动的特点、目标受众、套餐内容等因素来设置。

3. 门票类型

平台可以添加门票类型，如老年票、儿童票、成人票等。

4. 套餐说明

套餐说明是向消费者介绍套餐内容、特点、使用规则等重要信息的关键部分。根据不同的功能和目标受众进行相应的套餐说明。以"学生优惠套餐"为例，套餐说明可以写：学生凭有效证件购买，享受门票半价优惠，同时赠送学生专属的纪念徽章。

知识点 2　游你创 OTA 门票产品报价及其他设置

1. 设置报价

在"报价日历"处，单击"设置报价"按钮，弹出"设置报价"对话框，在该对话框中对"日期范围""报价日期""价格""库存"进行设置，如图 4.37 所示。

图 4.37　设置报价

设置完毕，单击"确定"按钮，会显示带有价格和库存的日历，表示报价成功，如图 4.38 所示。

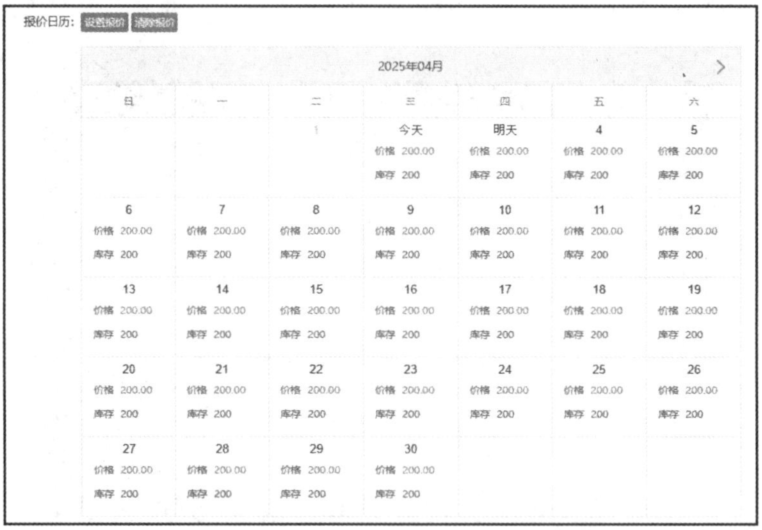

图 4.38　报价日历

2．预订须知

预订须知主要包括"提前预订时间""取票方式""有效期""退票类型""预订方式""支付方式""预订确认方式"几部分内容，如图 4.39 所示。

图 4.39　预订须知

3．高级设置

高级设置主要是对游客信息的设置，如图 4.40 所示。

图 4.40　高级设置

4. 产品上架

教师审核无误后，可以上架，门票套餐上架后，会员可以在游你创 OTA 进行购买，如图 4.41 所示。

图 4.41 产品上架

三、任务训练

实训一 在游你创 OTA 上架本省 5A 级景区

【实训目的】

通过真实的工作任务让学生掌握游你创 OTA 的景区管理功能。

【实训步骤】

（1）4~6 人为一组，全班同学分成若干小组；

（2）以小组为单位，选择本省某一 5A 级景区，完成景区的简要介绍、图片、价格设定等内容设置；

（3）以小组为单位，介绍选取景点的特点，运用电子商务平台销售采取的营销策略等；

（4）每组选派代表上台做点评、交流发言。

【实训要求】

在实训步骤（2）中，要求内容完整、准确，具有吸引力；在实训步骤（3）中，要求内容完整，表达清晰；小组代表总结发言时，应对小组活动情况做真实概括，具有较强的总结性。

【实训评价】

评价指标	自我评价	小组评价	教师评价
参与度			
准确度			
完整性			
成效性			

实训二　分析游你创OTA景区门票产品

【实训目的】

通过真实的工作任务让学生掌握游你创OTA景区门票销售的工作要求。

【实训步骤】

（1）4~6人为一组，全班同学分成若干小组；

（2）以小组为单位，分析游你创OTA热门景点门票的产品特点、价格策略、改进措施；

（3）以小组为单位，介绍调研分析结果等；

（4）每组选派代表上台做点评、交流发言。

【实训要求】

在实训步骤（2）中，要求内容完整、准确，具有吸引力；在实训步骤（3）中，要求内容完整，表达清晰；小组代表总结发言时，应对小组活动情况做真实概括，具有较强的总结性。

【实训评价】

评价指标	自我评价	小组评价	教师评价
参与度			
准确度			
完整性			
成效性			

四、课外拓展

（一）拓展阅读

中国旅游：利用互联网，开启新天地

旅游，是一场逃离日常、探索未知的奇妙旅程，它不仅仅是身体的移动，更是对心灵的洗礼和视野的拓展。在现代社会，旅游已经成为人们生活中不可或缺的一部分，它不仅满足了人们对美好生活的向往，更是一种对自我价值和生命意义的追求。

旅游的魅力在于它能让我们走出熟悉的环境，去发现世界的多样性。每一片土地都有其独特的自然风光和人文景观。在欧洲，古老的城堡、浪漫的小镇和历史悠久的教堂诉说着中世纪的辉煌；在亚洲，从繁华的东京街头到神秘的印度寺庙，从中国的长城到泰国的海滩，每一种文化都以其独特的方式展现着人类的智慧和创造力；而在非洲，广袤的草原上奔跑的野生动物和热情洋溢的部落文化，让人感受到大自然的原始力量和生命的顽强。

自然景观更是旅游中的重要组成部分。无论是壮丽的山川、广袤的沙漠，还是宁静的湖泊和蔚蓝的大海，大自然的鬼斧神工总能让人惊叹不已。站在珠穆朗玛峰脚下，感受生命的渺小；漫步在亚马逊雨林中，聆听大自然的呼吸；站在尼亚加拉大瀑布前，被它那磅礴的气势所震撼。这些自然奇观不仅让我们感受到大自然的伟大，也让我们更加珍惜我们赖以生存的地球。

旅游的线上化趋势直接促进了互联网服务平台的快速发展。在线旅游平台（OTA）如携程、Expedia等，不仅提供了便捷的机票、酒店预订服务，还扩展到旅游线路规划、门

票购买、租车服务等全方位旅游解决方案。这些平台的出现，极大地简化了旅游预订流程，降低了交易成本，同时也为互联网企业创造了新的盈利模式。此外，旅游评论和评价系统的建立，既增强了消费者信心，也促进了市场的透明度和诚信建设。

旅游需求的多样化促使互联网技术不断创新，以满足日益增长的个性化旅游需求。虚拟现实（VR）和增强现实（AR）技术的应用，让游客在出行前就能身临其境地体验目的地风光，提高了旅游决策的效率和满意度。大数据和人工智能技术的运用，则通过分析用户行为为游客提供定制化旅游产品推荐，实现了旅游服务的精准营销和个性化服务。此外，移动支付、电子签证、无纸化登机牌等技术的应用，极大地提升了旅游过程中的便捷性和效率。

正是在这样的背景下，中国旅游项目负责人对行业进行了深入的思考，并决定借助互联网进行转型升级，以线下为基础、互联网为渠道，通过小程序搭建商城，通过公众号进行推广，通过社群进行精准营销，最终实现"互联网化营销"。

（资料来源：根据网络资料整理）

（二）课后实践

选定本省某一景区，实地调研该景区使用 OTA 情况，以及其 OTA 业务情况。

任务五　游你创在线旅游平台会员管理

任务描述

通过介绍，了解游你创 OTA 会员端的主要功能。再通过会员端操作，掌握游你创 OTA 会员端的运用要求。

学习目标

知识目标	能力目标	素养目标
1. 了解游你创 OTA 会员端的主要功能； 2. 掌握游记的撰写及上传技巧	1. 能够熟练掌握会员注册、登录、预订、积分兑换、订单管理等操作流程，确保操作高效、准确，避免因操作失误给客户带来不便； 2. 能够通过会员数据（如消费记录、积分情况、预订偏好等）分析客户需求，为客户提供个性化服务，提升客户满意度	1. 具备创新意识，可以根据客户反馈和市场需求，不断优化会员操作流程和服务方式，提出创新性的建议和方案，提升服务效率和质量； 2. 树立正确的职业道德观，培养学生爱岗敬业、诚实守信、服务至上的职业精神

一、案例导入

OTA 会员制度与付费会员的营销策略

（一）OTA 会员制度

OTA 的会员制度可以因平台而异，但一般包括以下几种类型的会员。

1. 普通会员：注册平台账户并进行消费的用户即可成为普通会员。普通会员可以享受一些基本的服务，如预订酒店、机票、租车等，并可能享有一些优惠或奖励积分。

2. VIP 会员：VIP 会员是平台针对一些高频、高价值用户所设立的会员等级。VIP 会员可以享受更多的优惠、服务和特权，例如更高的积分倍数、免费升级酒店房间、享受专属客服服务等。

3. 金卡/银卡会员：一些 OTA 还设置了针对信用卡或银行卡用户的会员等级，以鼓励用户使用特定的信用卡或银行卡进行消费。金卡/银卡会员通常可以享受更高的积分倍数、更多的兑换奖励、免费升级房间等特权。

4. 超级会员：部分 OTA 推出了"超级会员"计划，需要用户缴纳一定的年费，成为平台的高级会员。超级会员可以享受一些更加豪华的服务，例如免费接送机服务、专属礼遇、私人管家服务等。

（二）付费会员制度

OTA 自诞生以来，对付费会员制的挖掘就从未停止。2017 年 6 月，携程正式上线"超级会员"服务，涵盖机票、酒店、火车票、积分等一系列会员权益；2018 年，阿里推出"88VIP"，随后飞猪也被纳入"88VIP"体系。

对 OTA 而言，其看重的是付费会员的黏性和忠诚度；对用户而言，其可能更看重付费会员的价值，这取决于 OTA 手上能倾斜的资源和付费会员的价格策略。

对付费会员是鸡肋还是熊掌，不同的人有不同的看法。认为付费会员不是鸡肋的网络用户提出：付费会员与普通会员的基本理论一致，只是想通过付费圈出更为精准、忠诚的用户，当然更是要锁定他们未来一段时间内的需求；但是会员价值的体现不单单在价格歧视上，乃至一定程度上价格不是第一位，当然前提是不能倒挂；更多时候，一些附加权益或者是变相的价值赠送才是决定会员黏度的关键。OTA 目前的付费会员政策与其他一些会员不一样，OTA 的付费会员不是更高级别的会员，而是部分权益的加大，这时就需要聚焦把这部分用户的特点体现出来，这样才能更好发挥作用。现在做收费会员已经不是单单为了做用户运营，卖卡也是一笔不小的收入。认为付费会员比较鸡肋的网络用户认为：付费会员缺乏非常有吸引力的权益，应该让付费会员真正体验到普通人难以得到的便捷体验或者划算价格。他们提出：

1. OTA 付费会员是否能 PK 掉各大著名的酒店集团自己的贵宾会员升级服务？

2. 面对各大航司自营会员，OTA 付费会员能否在航司专属贵宾室使用、优先选座和登机等核心权益上有竞争力？

3. 在迪士尼、环球影城、长隆或亚特兰蒂斯等热门场所，OTA 付费会员能否不用排长队，享受快捷通道服务？

4. 在出行用车高峰期，当普通用户打车难时，OTA 付费会员能否凭会员权益，高效解决用车需求？

（资料来源：根据网络资料整理）

思考：OTA 付费会员制是鸡肋还是熊掌？说说你的看法。

二、理论知识

知识点 1 游你创 OTA 会员端功能介绍

旅游电子商务平台的会员管理是提升客户忠诚度、促进业务增长的关键环节。教师帮助学生注册成会员后，学生才可以在游你创进行会员管理操作。

打开游你创 OTA 官网，单击"登录"按钮，登录会员，登录后进入会员中心，左侧列表主要栏目有"我的订单""我的游记""导游管理""我的咨询""我的积分""我的钱包""个人中心""常用信息""我的消息""我的虚拟币"，如图 4.42 所示。在"会员首页"页面，可以查看会员基础信息、最新订单、付款信息等。

图 4.42　会员中心

（1）"我的订单"栏目是游你创会员管理的重要组成部分，为会员提供全面、便捷的订单管理服务。会员可以通过此栏目便捷查看和管理自己的订单，提升购物体验和满意度。同时，平台也能借此更好地了解会员需求和行为，优化运营策略，增强会员忠诚度和平台竞争力。

（2）"我的游记"栏目主要供平台会员记录和分享自己的旅行故事、照片和体验。会员可以在此撰写游记、上传照片、添加标签、设置隐私权限，并与其他会员互动。该栏目不仅为会员提供了展示旅行经历的平台，还促进了会员之间的交流，增强了平台的社区氛围。

（3）"导游管理"栏目主要包括导游服务、服务订单、服务咨询、导游资料、导游认证、入驻流程 6 个板块，如图 4.43 所示。

图 4.43　导游管理

（4）"我的咨询"栏目是游你创为会员提供的一项重要服务，旨在帮助会员在预订旅游产品前获取准确、全面的信息，从而做出更明智的决策。会员可以通过该栏目向平台客服或旅游专家咨询关于旅游产品、行程安排、目的地信息等问题，确保旅行顺利进行。

（5）"我的积分"栏目是游你创为会员提供的一项重要激励机制服务，旨在通过积分体系提升会员的忠诚度和活跃度。会员可以通过多种方式累积积分，并使用积分兑换旅游产品、服务或其他奖励。

（6）"我的钱包"栏目是游你创为会员提供的一项便捷的财务管理工具，旨在简化支付流程、提升会员的消费体验，通过积分和优惠活动提升会员的忠诚度。会员可以通过"我的钱包"进行充值、支付、提现等，同时查看交易记录和余额变动情况。该栏目需要连接真实的支付平台才可以进行使用。

（7）"个人中心"栏目是游你创会员管理个人资料，进行账号安全认证和绑定的功能区域。

（8）"常用信息"栏目是游你创会员管理个人发票、收货地址、常用旅客信息的功能区域。

（9）"我的消息"栏目是游你创会员接受平台消息通知的功能区域。

（10）"我的虚拟币"栏目是游你创专门针对学生模拟购买而发放的虚拟交易币，仅在游你创中使用。

知识点 2　游记的撰写和上传

1. 游记的撰写界面描述

作为会员，可以购买旅游线路、导游服务后将自己的所见所得写入游记中。以会员方式登录游你创，执行"我的游记"→"发表游记"命令，进入"发表新游记"页面，主要包括"添加/修改顶部图""添加封面""编辑正文"三个板块，在"编辑正文"中可以进行格式的调整、图片的插入等，如图4.44所示。

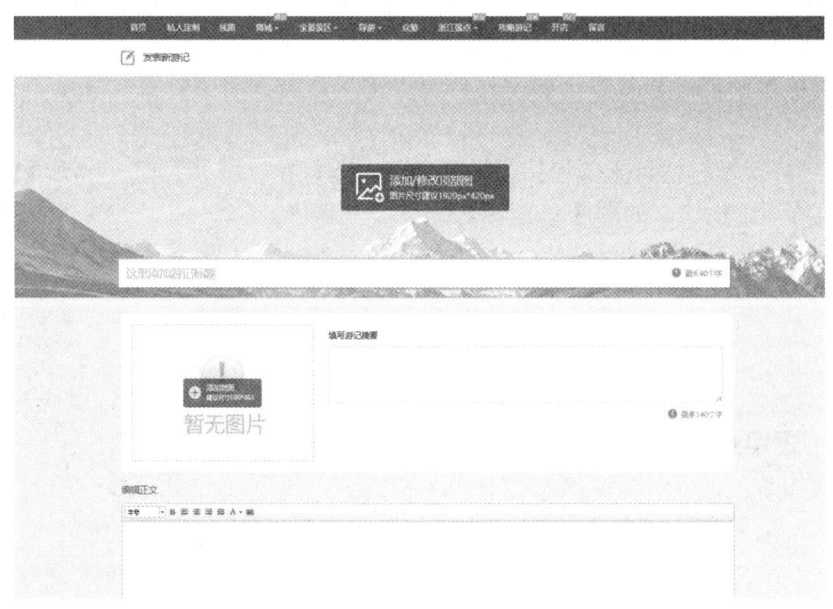

图 4.44　发表新游记页面

2. 游记撰写的注意事项

（1）真实性和客观性。游记内容应真实可靠，避免夸大或虚构。对景点、餐厅等的评价，应保持客观公正，避免过于主观。

（2）尊重当地文化和习俗。在游记中提到当地文化时，应尊重并准确描述，避免误解或冒犯。例如：当地的传统节日非常热闹，人们会穿着传统服饰，举行各种庆祝活动。

（3）注意隐私保护。如果游记中涉及他人（如旅行伙伴、当地居民等），应提前征得对方同意。避免在游记中透露过多个人信息，如身份证号码、联系方式等。

（4）配图与排版。如果游记中包含图片，应确保图片清晰、美观，与文字内容相关。

（5）合理安排段落和标题，使游记结构清晰，便于阅读。

（6）校对与修改。完成初稿后，仔细校对，检查语法错误、错别字等。可以请朋友帮忙审阅，提出修改意见。

3. 游记的上传

游记撰写结束，检查无误后输入验证码进行提交并上传。游你创平台审核无误后就可以在平台主界面展示。其他会员浏览游记后，可以在相关游记下面进行评论。

4. 游记的社交功能

（1）提升用户互动性：让用户能够轻松地将自己的旅行故事分享给更多人，增加社交互动。

（2）扩大内容传播：通过社交平台的传播，吸引更多潜在用户关注平台，提升平台的知名度和影响力。

（3）增强用户黏性：通过分享功能，让用户更频繁地使用平台，增加用户对平台的依赖和忠诚度。

（4）提供旅行灵感：让其他用户通过分享的游记获取旅行灵感和实用信息，促进旅行文化的传播。

三、任务训练

实训　在游你创OTA进行导游服务内容的发布

【实训目的】

通过真实的工作任务让学生掌握游你创OTA的导游管理功能。

【实训步骤】

（1）4～6人为一组，全班同学分成若干小组；

（2）以小组为单位，选择本省某一旅游目的地，完成导游服务的名称、服务人数、目的地、服务属性、接单日期、服务价格、支付方式、图片、服务详情等工作内容；

（3）以小组为单位，介绍所选旅游目的地的特点，运用电子商务平台销售采取的营销策略等；

（4）每组选派代表上台做点评、交流发言。

【实训要求】

在实训步骤（2）中，要求内容完整、准确，具有吸引力；在实训步骤（3）中，要求内容完整，表达清晰；小组代表总结发言时，应对小组活动情况做真实概括，具有较强的总结性。

【实训评价】

评价指标	自我评价	小组评价	教师评价
参与度			
准确度			
完整性			
成效性			

四、课外拓展

（一）拓展阅读

从 VIP 到路人：酒店会员价值在 OTA 时代何去何从

曾经，酒店精心构建的会员体系是稳定客源、保障经营收益的法宝。

但现在，随着在线旅游平台（OTA）的迅猛发展，它们凭借强大流量和便捷预订渠道，吸引众多消费者。消费者在手机上简单操作，就能在众多酒店中选到合适房间。OTA 常推优惠活动，还有大量的用户评价，让消费者在预订的时候第一个想到它。

在大多数会员系统中，存在着明显的两极分化现象：高频消费的"头部"用户得到了更多关注和支持，而大量低频使用的"长尾"用户则往往被忽视。这种做法虽然短期内能维持核心客户的忠诚度，但从长远来看可能削弱整体品牌的吸引力。毕竟，每一个普通会员都是潜在的忠实粉丝，他们同样需要感受来自品牌的重视和关怀。

对任何一套成熟的会员制度而言，规则的一致性和灵活性之间存在着微妙平衡。一方面，频繁调整等级或权益会让老用户感到不满；另一方面，长期不变的内容又容易让人产生审美疲劳。尤其是在当前快速变化的商业环境中，如何找到一个既能满足现有需求又能适应未来发展的解决方案成为摆在每个酒店面前的重要课题。

（资料来源：根据网络资料整理）

（二）课后实践

选定本省某家酒店，实地调研该酒店的会员制度，了解其会员管理的优劣势。

项目自测

一、简答题

1. 简述游你创 OTA 适用于哪些场景。
2. 简述游你创 OTA 线路产品报价注意事项有哪些。
3. 简述游你创 OTA 酒店房型说明包括哪些内容。
4. 简述游你创 OTA 门票套餐说明及门票类型。

项目五

旅游电子商务推广

项目知识思维导图

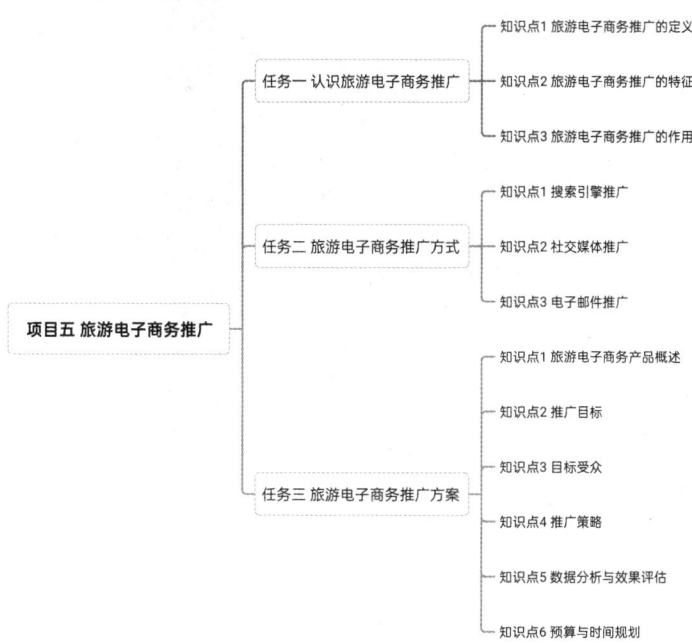

任务一 认识旅游电子商务推广

任务描述

阐述旅游电子商务推广的特征，用自己的语言概括旅游电子商务推广的作用，并结合具体案例撰写旅游电子商务推广方案。

学习目标

知识目标	能力目标	素养目标
1. 熟悉旅游电子商务推广的定义； 2. 掌握旅游电子商务推广的特征和作用	1. 能够结合案例分析旅游电子商务推广的特征； 2. 能够结合案例分析旅游电子商务推广的作用	1. 帮助学生树立服务精神； 2. 培养学生对优秀传统文化的热爱

一、案例导入

利用创意短视频推广横店夜游产品

夜晚的横店，景区与镇区灯火璀璨，时尚、潮流、影视化的夜休闲气息在街头巷尾弥散开来，如图 5.1 所示。以"影视"为特色的横店影视城，在夜游经济的打造上紧扣影视主题，衍生出夜沉浸、夜狂欢、夜休闲三种夜游产品，分别以走进电影——漫步繁华的夜沉浸、纵情游乐——畅玩活力的夜狂欢、徜徉美景——相遇跃动的夜休闲为代表。

图 5.1 畅享夜市新体验

横店影视城利用创意短视频推广夜游产品。2024 年 9 月 9 日，其抖音账号发布的短视频"如果你是 LiHua 向外国友人介绍横店的夜"，内容以 LiHua 穿越时空的形式介绍夜横店，涵盖横店影视城的广州街·香港街、梦幻谷、梦外滩等景区，展示《走进电影》《暴雨山洪》《百老舞汇》等节目，融入了我国的功夫、美食等中华文化元素。截至 2025 年 1 月 24 日，该视频获赞 8.1 万个、评论 407 条、收藏 5788 次、转发 378 次，如图 5.2 所示。

与此同时，短视频还附有"金华市 | 横店影视城·优惠团购"链接，主播通过线上互动向游客介绍产品、答疑解惑等，增强了推广效果。

横店影视城，从影视特色、游客体验等角度出发，用创意形式展现横店魅力，有效吸引了游客的关注。

（资料来源：根据"浙里夜游系列 | 在光影交错的横店片场来一场氛围感十足的穿越狂欢"改编）

图 5.2　抖音账号"横店影视城"视频截图

思考：什么是旅游电子商务推广？上述案例体现了旅游电子商务推广的哪些特征？

二、理论知识

知识点 1　旅游电子商务推广的定义

旅游电子商务推广是指旅游企业以电子信息技术为基础，以互联网为媒介，通过各种手段宣传旅游品牌或产品的营销活动。它主要围绕旅游企业的品牌或产品进行，目的是提升品牌知名度、增加产品曝光率和销量。

知识点 2　旅游电子商务推广的特征

旅游电子商务推广具有交互性、实时性、灵活性和融合性特征。

1. 交互性

旅游企业可以通过在线客服、游客评价、社交媒体等方式，与游客实现双向沟通，及时了解游客的需求和反馈。例如，马蜂窝旅游网是一个以用户生成内容（UGC）为核心的旅游电子商务平台，游客可以在平台上分享自己的旅游经历、照片、攻略等，也可以查看其他游客的分享和评价。平台通过社交媒体等渠道与游客进行互动，增强游客的黏性和忠诚度。

2. 实时性

旅游企业能够实时更新旅游产品的信息，如价格、库存、行程安排等。同时，能根据市场动态和用户需求，及时调整推广策略和产品组合。例如，在旅游旺季或节假日，携程等旅游平台会根据各旅游目的地的预订情况和游客流量，实时调整相关产品价格和推荐策略，对一些热门线路因预订火爆出现库存紧张时会及时显示并推荐类似的替代线路。

3. 灵活性

旅游电子商务推广的灵活性主要体现在渠道选择、内容定制、策略调整、时间安排和推广形式等方面。在渠道选择方面，可在专业旅游平台、社交媒体、搜索引擎、生活服务平台等多平台投放，还能及时拓展新兴渠道；在内容定制方面，能依据用户偏好、热点事件，做到个性化与热点结合；在策略调整方面，能按市场反馈、销售数据，动态优化推广策略，灵活组合各类营销手段；在时间安排方面，能契合淡旺季与实时热点，实时调整推广时间节点；在推广形式方面，能灵活运用图片、视频、直播、VR等多媒体呈现，并通过开展互动活动，提升用户参与感。灵活性可以充分发挥旅游企业推广人员的创造性和能动性。

4. 融合性

旅游电子商务推广的融合性体现在各平台的融合性方面。目前，旅游电子商务推广不局限于单一平台，而是实现了与社交媒体、搜索引擎、生活服务平台等多平台的跨渠道融合。例如，微信平台上有许多旅游小程序和公众号，游客可以在微信内直接预订旅游产品，同时可以分享旅游信息和体验；百度等搜索引擎也会与旅游电商平台合作，游客在搜索旅游相关关键词时会展示相关的旅游产品和推广信息。旅游电子商务推广的跨平台融合是旅游电子商务发展的重要趋势，既能最大限度地发挥旅游企业的推广优势，也能提高旅游企业的收益。

知识点3　旅游电子商务推广的作用

旅游电子商务推广是旅游电子商务的重要内容，其作用主要体现在以下几个方面。

1. 扩大旅游产品市场范围

（1）突破地域限制。通过互联网，旅游企业能够将旅游产品推广到全球范围。无论是国内的旅游景点、酒店，还是国外的旅游目的地，都可以借助旅游电子商务平台展示给世界各地的潜在游客。例如，一家位于中国小城市的特色民宿，通过旅游电子商务平台进行推广后可以吸引来自全国各地甚至国外的游客预订。

（2）拓展潜在客户群体。旅游电子商务推广能够接触更广泛的客户群体。除了传统的游客，还可以吸引那些原本对旅游不太关注的人群。比如，通过社交媒体广告、搜索引擎优化（SEO）等方式，将旅游产品信息推送给不同年龄、不同兴趣爱好的用户，从而扩大潜在客户群体。

2. 提高旅游产品销售效率

（1）便捷的预订渠道。旅游企业为游客提供了便捷的预订渠道。游客可以在任何时间、任何地点通过电脑或手机访问平台，查询旅游产品信息并完成预订。这种便捷性大大提高了用户的购买意愿和购买效率。例如，游客在晚上浏览旅游产品时，可以立即下单预订机票和酒店，而无需等待旅行社开门营业。

（2）快速的信息反馈。旅游企业能够及时反馈预订信息和订单状态。商家可以快速处理订单，游客也可以随时查看预订进度，这种高效的信息沟通方式有助于提高销售效率，减少因信息不畅导致的客户流失。

3. 提升旅游企业品牌形象

（1）多渠道展示企业优势。旅游电子商务推广为旅游企业提供了多种展示渠道，包括官方网站、社交媒体平台、在线旅游平台等。旅游企业可以通过这些渠道展示自身的品牌文化、服务特色和产品优势。例如，一家高端度假酒店可以在其官方网站上展示精美的客房照片、独特的度假体验及优质的客户服务，从而提升品牌形象。

（2）增强品牌知名度和美誉度。通过持续的推广活动，旅游企业的品牌能够被更多人知晓。同时，良好的客户评价和口碑传播也能进一步提升品牌的美誉度。例如，一些旅游目的地凭借在旅游电子商务平台上的游客好评和推荐，逐渐成为热门旅游地，其品牌知名度和美誉度也随之提升。

4. 增强旅游企业竞争力

（1）降低营销成本。相比传统的广告宣传和线下推广，旅游电子商务推广的成本更低。旅游企业可以通过搜索引擎优化、社交媒体营销等低成本的方式吸引潜在客户。例如，通过在社交媒体上发布优质的旅游攻略和游客评价，吸引游客关注并引导其预订旅游产品，这种方式的成本远低于在传统媒体上投放广告。

（2）精准营销。旅游企业能够收集大量用户数据，通过数据分析实现精准营销。企业可以根据游客的搜索历史、浏览行为和购买偏好，向其推送符合需求的旅游产品。例如，如果游客经常搜索海滨度假产品，旅游企业可以通过旅游电子商务平台向其推送相关的海滨度假套餐，从而提高营销效果和客户转化率。

5. 促进旅游业信息共享

（1）提供丰富的旅游信息。旅游企业为游客提供了丰富的旅游信息，包括景点介绍、酒店评价、交通攻略等。这些信息能帮助游客更好地规划行程，提高旅游体验。例如，用户在预订旅游产品之前，可以通过旅游电子商务平台查看其他游客的评价和建议，从而选择更适合自己的旅游产品。

（2）促进旅游企业之间的合作。旅游电子商务平台也为旅游企业之间的合作提供了便利。例如，酒店和旅行社可以通过旅游电子商务平台实现资源共享，共同打造旅游套餐产品，提升整个行业的协同效应。

6. 提升游客体验

（1）个性化服务。旅游企业可以根据游客的偏好和需求提供个性化的旅游产品和服务。例如，游客可以根据自己的兴趣选择不同的旅游主题，如红色旅游、低空旅游、研学旅行等，旅游企业可以根据游客的偏好向其推荐相应的旅游线路产品和服务。

（2）便捷的售后服务。旅游企业通常提供完善的售后服务，包括订单修改、退订、投诉处理等。游客在旅游过程中遇到问题时，可以通过旅游电子商务平台及时反馈并获得解决方案，从而提升游客的满意度。

总之，旅游电子商务推广在扩大旅游产品市场范围、提高旅游产品销售效率、提升旅游企业品牌形象、增强旅游企业竞争力、促进旅游行业信息共享、提升游客体验等方面都发挥了不可替代的作用。

三、任务训练

实训　谈谈旅游电子商务推广对横店影视城的作用

【实训目的】

回顾旅游电子商务推广的作用，根据自己的理解，对旅游电子商务推广的作用进行阐述，能用自己的语言概括旅游电子商务推广的作用。

【实训步骤】

（1）4~6人为一组，全班同学分成若干小组；

（2）以小组为单位，每组成员用自己的语言简明扼要地阐述旅游电子商务推广对横店影视城起到了哪些作用；

（3）以小组为单位，每组成员详细说出旅游电子商务推广的1~2个作用；

（4）每组选派代表上台做交流发言。

【实训要求】

在实训步骤（2）中，要求语句及内容完整，表达清晰；在实训步骤（3）中，要求结合横店影视城来描述推广的作用；小组代表总结发言时，应对小组活动情况做真实概括，具有较强的总结性。

【实训评价】

评价指标	自我评价	小组评价	教师评价
参与度			
准确度			
完整性			
成效性			

四、课外拓展

（一）拓展阅读

在线旅游平台如何借势抖音营销，实现用户量飙升

随着文旅行业的蓬勃发展，在线旅游平台已成为年轻一代规划旅行的重要工具。在激烈的市场竞争中，如何创新营销策略，吸引并留住用户，成为在线旅游品牌方亟须解决的关键问题。在众多新兴营销渠道中，抖音凭借其庞大的用户基础、强大的内容传播力及高度本地化的功能，为在线旅游平台提供了难得的营销机遇。那么，在线旅游平台应如何利用抖音实现品牌价值最大化，进而实现用户数量激增呢？

1. 精准定位与内容创新

抖音用户以年轻人为主，他们追求新鲜、有趣且个性化的内容。在线旅游平台首先需明确目标用户群体，并根据其兴趣和需求，打造富有特色的抖音短视频。内容可涵盖旅游攻略、景点介绍、美食探店及用户旅行体验分享等，将平台活动信息巧妙融入其中。关键在于内容要有趣、有料、有看点，这样才能迅速吸引并留住用户的注意力。

2. 与抖音新闻媒体/KOL合作，提升品牌影响力

抖音上的新闻媒体与KOL拥有庞大的粉丝基础和强大的影响力。与他们合作，能够让在线旅游平台的品牌和产品快速曝光在更多潜在用户面前。通过与新闻媒体合作实现官方背书，或与KOL共同策划旅游相关短视频内容，可大大提升品牌的知名度和影响力，吸引更多用户的关注和参与。

3. 开展创意活动，吸引用户关注

在抖音上开展创意活动，如旅游打卡挑战、旅游攻略大赛等，可激发用户参与热情，

提高品牌曝光度和用户黏性。通过活动设置奖励机制，如优惠券、免费旅行机会等，可进一步吸引用户关注和参与，增强用户对品牌的忠诚度。同时，这些活动也有助于形成用户口碑传播，为平台带来更多新用户。

4. 利用抖音直播，实现实时互动

直播是展示旅游产品和服务的好机会，有助于提升用户的信任度和购买意愿。在线旅游平台可联合官方或网络红人 KOL 开启旅游直播，带领用户实时游览景点，感受旅游的魅力。中间可以穿插如问答、抽奖等互动环节，提升用户参与感与用户黏性。

5. 精准投放广告，提高转化率

可通过抖音精准投放与数据分析，了解用户的兴趣和需求，制定更适合的广告策略，提高广告转化率和投资回报率。同时，根据广告效果数据，不断优化投放策略，实现更好的营销效果，吸引更多新用户。

6. 寻找第三方服务公司合作，提升营销效率

对许多在线旅游平台来说，抖音营销可能是一个全新的领域，需要专业的知识和经验。因此，寻找专业第三方抖音全案营销服务公司合作，可大大提升营销效率。

（资料来源：根据网络资料整理）

（二）课后实践

以小组为单位，按照旅游电子商务推广的不同特征，搜集各特征的代表性旅游企业，并进行适当了解。

任务二　旅游电子商务推广方式

任务描述

理解旅游电子商务推广方式，区分不同的旅游电子商务推广方式，了解不同的推广方式应包含哪些内容。

学习目标

知识目标	能力目标	素养目标
1. 熟悉旅游电子商务推广方式； 2. 了解不同推广方式的内容	1. 能够区分不同的旅游电子商务推广方式； 2. 能够说出不同的线上推广方式	1. 培养学生诚信、爱岗敬业的道德品质； 2. 培养精益求精的工匠精神

一、案例导入

浙江嵊泗文旅采用短视频推广花鸟岛

嵊泗花鸟岛位于浙江省舟山市嵊泗列岛最北面，是一个风景秀丽、充满诗意与爱情的

美丽海岛。花鸟岛因岛上花木繁茂、终年云雾缭绕而得名,也被称为"雾岛"。岛形如展翅欲飞的海鸥。岛上四季分明,气候宜人,光照充足。岛上的海水清澈见底,沙滩细腻,是享受阳光、沙滩、海浪的理想之地。该岛特色景点有花鸟灯塔、佛手石(五指石)、云雾洞、南岙沙滩、荧光海、古树村与猿猴洞等。

  浙江嵊泗文旅采用短视频的形式推广花鸟岛,不仅成功提升了花鸟岛的知名度和吸引力,还通过互动性强的内容和精准的营销策略,吸引了大量年轻游客。这种创新的推广方式为其他旅游目的地提供了宝贵的经验,也为花鸟岛的可持续发展奠定了良好的基础。以下是嵊泗文旅抖音短视频"这是海边独有的氛围感——浙江嵊泗花鸟爱情岛"的文案内容和短视频截图(见图5.3)。

    这是海边独有的氛围感——浙江嵊泗花鸟爱情岛
     人生是一场旅行
     未来很远
     城市很大
     走过很多地方
     看过万千风景
     未来是个庞大的未知数
     而我的愿望却再简单不过
     我期待着有一个你
     能够和我一起踏上陌生的旅途
     漫长的岁月和你写下未知的故事
     聆听这世界的美好
     我们一起寻觅旅行的意义
     后来才发现
     我的眷恋
     我的安心
     都在与你
     看过的云
     吹过的风
     再美的景色
     都不及一抬头
     就能看见你
     不曾停下脚步
     我的生活全是你的身影
     我的回忆全是你的陪伴

图 5.3 浙江嵊泗花鸟爱情岛短视频截图

(资料来源:"嵊泗文旅"抖音号)

思考:嵊泗文旅采用了什么方式推广花鸟岛?

二、理论知识

旅游电子商务推广的方式按照是否在线推广分为线上推广和线下推广。其中,线上推广包括搜索引擎推广、社交媒体推广、电子邮件推广;线下推广包括旅行社门店宣传、社区推广、合作单位推广和传统媒体广告等。本处重点介绍线上推广方式。

知识点 1　搜索引擎推广

搜索引擎推广是一种通过搜索引擎进行网络营销的方式,旨在通过提高网站在搜索引擎结果页面中的排名,增加网站的曝光率和流量,从而实现旅游品牌推广和商业转化。它主要包括搜索引擎优化和关键词竞价。

1. 搜索引擎优化

(1)关键词优化。选择与旅游产品相关的高流量、低竞争的关键词,并将其合理地嵌入网站的标题、描述、内容等元素。例如,在百度搜索"横店影视城",页面就会显示游客经常搜索的"横店影视城旅游攻略""横店影视城一日游玩攻略""横店影视城门票多少钱"

"横店影视城微博"等关键词，如图 5.4 所示。

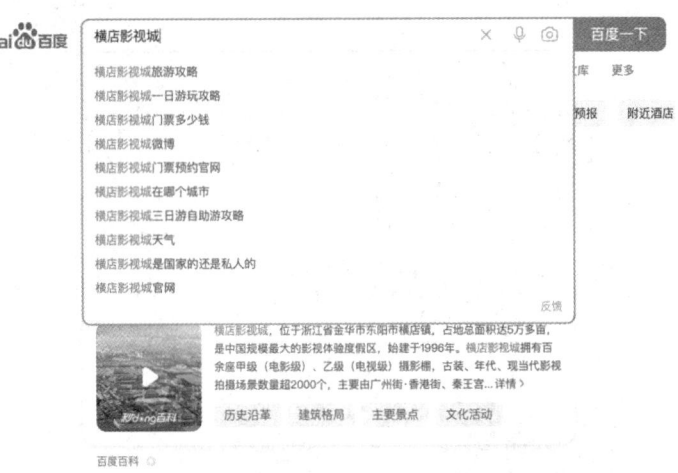

图 5.4　百度搜索"横店影视城"显示结果

（2）内容优化。定期更新网站内容，发布高质量的旅游攻略、景点介绍、旅游资讯等。优质的内容不仅能够吸引搜索引擎的爬虫，还能提高用户体验，增加网站的停留时间和页面浏览量。例如，"横店影视城"网站首页以最新的旅游信息内容——横店灯会为主题，呈现给游客（搜索日期为 2025 年 1 月 26 日），如图 5.5 所示。此外，该网站还设置了快速预订、订单查询、交通指引、在线客服、常见问题、最新公告等栏目，内容丰富多样。

图 5.5　"横店影视城"网站首页

（3）网站结构优化。确保网站的导航清晰、页面加载速度快、移动设备适配良好，并且具备良好的内部链接结构。例如，在"横店影视城"网站查看节目时间表，网站的导航显示"首页>服务中心>游客服务"，如图 5.6 所示。

图 5.6 "横店影视城"景区网站节目时间表部分截图

（4）外部链接建设。获取来自其他高质量网站的反向链接，可以提升网站的权威性和搜索引擎排名。例如，与旅游相关的行业协会网站、知名旅游博主的博客等建立友情链接。

2. 关键词竞价

（1）关键词广告。通过购买与旅游相关的关键词广告，在用户搜索这些关键词时将广告展示在搜索结果页面的显眼位置。例如，旅游企业可以购买"河南旅游"关键词广告，当游客搜索"河南旅游"时，可以看到某些旅游企业的推广信息，如图 5.7 所示。

图 5.7 百度中以"河南旅游"为关键词搜索到的页面

（2）竞价排名。参与搜索引擎的竞价排名服务，根据出价高低来获得搜索结果中的优先展示位置。出价越高，排名越靠前。当游客搜索"河南旅游"时，可以优先看到某些旅游企业的推广信息。这种方式可以让排名靠前的旅游企业网站在短时间内获得较高的曝光率。

知识点 2　社交媒体推广

社交媒体推广主要包括微信、微博、短视频、小红书、直播等推广方式。

1. 微信推广

微信推广是指旅游企业通过微信平台进行旅游品牌或产品推广的一种方式。最常见的微信推广方式有微信朋友圈推广、微信公众号推广、微信社群推广、微信小程序推广等。例如，图 5.8 和图 5.9 分别是"曲阜三孔景区"微信公众号和"鹿邑老子故里"微信公众号。

游客注册微信账号后，可与同样注册微信账号的"朋友"形成一种联系，游客可订阅自己所需的信息，旅游企业可通过提供游客需要的信息推广自己的产品，从而实现点对点的推广。

图 5.8　"曲阜三孔景区"微信公众号　　图 5.9　"鹿邑老子故里"微信公众号

2. 微博推广

微博推广是指旅游企业通过微博平台进行旅游品牌或产品推广的一种方式。最常见的微博推广方式有两种，一种是明星内容"种草"，另一种是利用 KOL、媒体进行品牌推广。

（1）明星内容"种草"。它是在旅游企业微博上官宣品牌代言人，这是最直接的"种草"方式，这种方式能最有效地将明星的粉丝转化成品牌的粉丝。明星通过微博推荐旅游产品或参与旅游话题讨论，或者直接分享个人旅行经历，更全面地为粉丝"种草"，直观展示旅游产品的直接效果。吸引粉丝对旅游产品产生比"路人"更强的归属感，甚至会为旅游品牌和产品免费宣传，这样旅游企业就达到了推广旅游品牌或产品的目的。例如，多位江西籍明星在微博发表话题"#我的家乡宝藏#"推荐江西，并表示欢迎大家来江西，如图 5.10～图 5.12 所示。

图 5.10　明星 1 微博示例　　　图 5.11　明星 2 微博示例　　　图 5.12　明星 3 微博示例

（2）利用 KOL、媒体进行品牌推广。寻找圈内的资深 KOL，由他们进行垂直宣传或者分享详细的体验感受，并且互相关注进行互动。借助微博大 V 的影响力提升话题阅读量，将微博中"路人"的好奇心转化成实际支付的可能性。在微博上，"粉丝经济"能够有效增强品牌对游客的吸引力，甚至完成从"路人"到粉丝的转化。例如，旅游热门达人用《何不秉烛游》的一整期节目向微博粉丝推介河南洛阳夜旅游，如图 5.13 所示。

图 5.13　旅游热门达人微博示例

3. 短视频推广

短视频推广是指旅游企业通过短视频平台进行旅游品牌或产品推广的一种方式。最常见的短视频推广方式有平台内推广和平台外推广。

（1）平台内推广是各大短视频平台为鼓励用户创作而推出的众多流量扶持计划，常见于抖音短视频、快手短视频、西瓜短视频、淘宝短视频、微信视频号等平台的推广活动中。以抖音账号万岁山武侠城视频"王婆说媒"节目为例，借助抖音短视频平台推广万岁山武侠城景区，如图 5.14 所示。

（2）平台外推广是在各大社交媒体平台之间相互分享，形成平台外的二次传播。例如，抖音短视频可以通过一键分享将作品到微信朋友圈等，如图 5.15 所示。

图 5.14　抖音账号"万岁山武侠城"视频截图　图 5.15　抖音账号"万岁山武侠城"视频分享页面截图

4．小红书推广

小红书推广是指旅游企业通过小红书等社交媒体平台进行旅游品牌或产品推广的一种方式。最常见的小红书推广方式有四种：第一，薯条推广。对优质笔记进行优化，提高其曝光量和阅读量。第二，信息流广告。通过开屏广告、发现页信息流广告等形式，实现精准推送，吸引更多潜在用户。第三，达人种草。邀请小红书上的关键意见领袖，即 KOL（知名博主）、腰部博主及垂直领域 KOC（关键意见消费者）前来体验活动，并分享他们的体验和感受。通过他们的粉丝基础和影响力，快速提升活动的知名度与关注度。第四，明星效应。邀请明星作为灯会的推广大使，借助明星的粉丝效应吸引更多用户关注。

例如，横店影视城通过小红书平台有效推广了横店灯会。横店影视城在小红书上发布了关于"横店灯会"的宣传贴，不仅通过真诚分享和社交互动，介绍了灯会的魅力和特色，展示了游客的体验和感受，增加了内容的可信度和吸引力，如图 5.16 所示，还配套推出了包含灯会介绍的酒店套餐，为计划前行的用户提供"游玩+住宿"一站式参考，如图 5.17 所示。横店灯会邀请了明星作为推广大使，他们在小红书上率先打卡，分享自己的灯会体验，吸引了大量粉丝和潜在游客的关注和兴趣。

5．直播推广

直播推广是指旅游企业通过社交媒体平台进行旅游品牌或产品推广的一种方式。最常见的直播推广方式有抖音直播、快手直播、淘宝直播、微信视频号直播等。以抖音账号"横店影视城"直播为例，借助抖音短视频平台的直播方式推广横店影视城旅游产品，如图 5.18 所示。

图 5.16　小红书账号"横店影视城"横店灯会截图

图 5.17　小红书账号"横店影视城"横店灯会酒店套餐截图

图 5.18　抖音账号"横店影视城"直播截图

知识点 3　电子邮件推广

电子邮件推广是指旅游企业通过电子邮件向目标游客推送旅游品牌或营销产品信息的一种方式。在进行电子邮件推广时，需要注意两个问题，即如何构建邮件营销列表和如何设计邮件内容。针对第一个问题如何构建邮件营销列表，应该先收集过往客户、潜在游客及订阅公司旅游资讯的用户邮箱地址，再建立邮件营销列表。针对第二个问题如何设计邮件内容，应设计精美的电子邮件模板，内容包括旅游线路产品的详细介绍、限时优惠活动、用户评价截图、预订链接等，定期向目标客户发送推广邮件，提醒他们关注并预订该线路产品。

三、任务训练

实训　谈谈短视频推广

【实训目的】

回顾短视频推广相关理论知识，各小组依托浙江嵊泗县旅游资源，围绕"好久不见·嵊泗想念"文旅主题，选择合适的社交媒体平台进行短视频推广。

【实训步骤】

（1）4～6人为一组，全班同学分成若干小组；

（2）以小组为单位，每组选择合适的社交媒体平台使用短视频推广方式推广"好久不见·嵊泗想念"文旅主题品牌；

（3）以小组为单位，每组制作"好久不见·嵊泗想念"文旅主题品牌推广的短视频；

（4）每组选派代表上台做交流发言。

【实训要求】

在实训步骤（2）中，要求视频内容完整，表达清晰；在实训步骤（3）中，要求围绕"好久不见·嵊泗想念"文旅主题品牌进行短视频推广；小组代表总结发言时，应对小组活动情况做真实概括，具有较强的总结性。

【实训评价】

评价指标	自我评价	小组评价	教师评价
参与度			
准确度			
完整性			
成效性			

四、课外拓展

（一）拓展阅读

浙江嵊泗如何实现海岛旅游的全新营销

嵊泗县位于浙江舟山北部，是中国唯一的国家级列岛型风景名胜区——嵊泗列岛的所在地。嵊泗列岛由404个大小岛屿组成，其中有人居住的岛屿有16个。这里风景如画，是休闲度假的理想之地。嵊泗列岛拥有众多著名旅游景点，包括泗礁岛、枸杞岛、花鸟岛、六井潭和东崖绝壁等。其中，泗礁岛是嵊泗列岛中最大的岛屿，岛上有南长涂沙滩、大悲山、灵音禅寺等景点，南长涂沙滩沙质细腻，视野开阔，非常适合沙滩足球、海浴和野炊烧烤等活动。枸杞岛则以"绿野仙踪无人村"闻名，植被茂盛，废弃的房屋被爬山虎覆盖，来到这里仿佛置身于童话世界。花鸟岛被誉为"中国版圣托里尼"，拥有蓝眼泪荧光海、花鸟灯塔等特色景点。六井潭有百年灯塔和广阔的暗礁区，是网络红人打卡点。东崖绝壁是嵊山岛的著名景点，游客可以在此观赏到美丽壮观的海景和中国最东边的第一缕阳光。

嵊泗列岛星罗棋布的岛礁特征，为旅游开发提供了独特的地理优势。为了激活旅游发展活力，当地政府积极探索创新旅游模式，"跳岛游"应运而生。通过"跳岛游"，将具备旅游开发条件的岛屿组合成丰富多样的旅游产品，这不仅是打造"中国海岛旅游典范"的必要前提，也为打破偏远海岛旅游出行的先天交通限制提供了新思路和新路径。2019年，为培育市场、引领"跳岛游"项目的发展，嵊泗县政府加强了组织力量，加大了投入力度。从船舶改造、路线设计、产品内涵等多个方面对"跳岛游"项目进行了提质升级。嵊泗县交投公司投入2000多万元打造了一艘新型船只，作为"跳岛游"的主力交通工具。该船长49.8米，宽9.5米，主机功率2684千瓦，设计航速17节，可载客120人。同时，嵊泗县文广旅体局和县旅投公司精心策划了精品游线，以泗礁小菜园码头为母港，以花鸟岛、枸杞岛等热门岛屿为中途站，结合登岛游览和海上观光，让游客充分体验嵊泗列岛的海岛风光、渔村生活和渔俗文化。

在营销推广方面，嵊泗县积极实施"线上+线下"联动营销，全力打通品牌营销全链路。线上方面，精心制作了"跳岛游"三分钟宣传视频，并在搜狐、今日头条、抖音、微博、哔哩哔哩、中国报道网、诗画浙江文旅资讯等10多个主流网站平台，以及两大视频传媒平台滚动播放。通过软文推送、百万粉丝微博博主首航直播、抖音微话题、嵊泗旅游微信促销等活动，全方位、多维度地开展营销推广。同时，在嵊泗旅游、嵊泗客运总站微信公众号及各大OTA开通"跳岛游"购票渠道，并在各旅游集散点、民宿、旅行社等摆放"跳岛游"购票二维码，方便游客下单。线下方面，搭建了良好的销售渠道。在沈家湾客运站、小菜园客运站、航海广场等地搭建推广平台，制作并投放易拉宝、道旗、海报、语录墙等宣传物料，覆盖县内主要交通集散地的醒目位置。同时，在各景区、酒店、民宿、交通站点投放宣传折页5万余册，进一步扩大宣传覆盖面。

自2019年投入旅游市场以来，嵊泗"跳岛游"项目累计接待游客上万人，累计营收上千万元。该项目不仅带动了全域景区、民宿、餐饮等消费业态的进一步增收，还带动了涉旅周边消费增长。此外，"跳岛游"项目创造了大量就业机会，带动就业人群上千人，提供就业岗位近400个。该项目已与多家旅行社、民宿建立了合作关系，为海岛县探索共同富裕特色之路提供了新的场景和路径。

（资料来源：根据网络资料整理）

（二）课后实践

以小组为单位，按照不同的旅游电子商务线上推广方式，搜集知名旅游企业进行的线上推广方式，并进行适当了解。

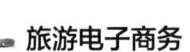

任务三　旅游电子商务推广方案

任务描述

理解并用自己的语言描述旅游电子商务推广方案包含的内容，并能够结合具体景区撰写旅游电子商务推广方案。

学习目标

知识目标	能力目标	素养目标
1. 认识旅游电子商务推广方案； 2. 了解旅游电子商务推广方案的内容	1. 能够分析旅游电子商务推广方案； 2. 能够撰写旅游电子商务推广方案	1. 培养学生服务社会的敬业精神； 2. 培养学生良好的职业道德

一、案例导入

浙江嵊泗"跳岛游"旅游产品推广方案

（一）产品概述

浙江嵊泗"跳岛游"，是一种创新的海岛旅游产品，通过串联嵊泗列岛中花鸟岛、黄龙岛、嵊山岛、枸杞岛等多个风格迥异的海岛，为游客提供丰富多样的旅游体验。游客可以选择一日游或多日游线路，深入体验花鸟岛的浪漫文艺、黄龙岛的石屋古村、嵊山岛的绝美海景以及枸杞岛的海上牧场等特色景点。这种"一岛一品"的旅游模式，结合便捷的水上交通和丰富的海鲜美食，不仅节省了时间，还让游客能够充分感受海岛的独特魅力，成为近年来海岛旅游的热门选择。

（二）推广目标

推广活动启动后，在 3 个月内，提升嵊泗"跳岛游"在长三角地区的知名度，吸引游客预订，使预订量增长 30%。在 6 个月内，提高游客满意度至 90% 以上，进一步提升嵊泗旅游的整体形象。在 1 年内，将嵊泗"跳岛游"打造为国内知名的海岛旅游品牌，拓展至全国市场。

（三）目标受众

1. 核心受众

长三角地区的年轻游客、家庭游客及中高端旅游消费者。

2. 潜在受众

全国其他地区的旅游爱好者，特别是对海岛旅游、渔村文化感兴趣的游客。

（四）推广策略

采用线上和线下相结合的推广策略。

1. 线上推广

（1）社交媒体营销。

平台选择：微信、微博、抖音、小红书等。

内容策略：发布精美的"跳岛游"图片、视频，分享游客的真实体验故事，展示嵊泗的海岛风光、渔村生活和特色美食。

互动活动：举办线上抽奖、话题讨论、旅游攻略分享等活动，鼓励用户参与并分享。

网络红人合作：邀请旅游领域的网络红人和意见领袖体验"跳岛游"，并通过他们的社交媒体账号进行推广。

（2）搜索引擎营销（SEM）。

在百度、谷歌等搜索引擎投放关键词广告，精准定位潜在客户，提高平台曝光率。

（3）与旅游电子商务平台合作。

与携程、去哪儿等大型旅游电子商务平台合作，上线嵊泗"跳岛游"专属页面，提供优惠套餐和特色线路。利用平台的推广资源，如首页推荐、专题活动等，提升产品曝光度。

（4）内容营销。

在旅游博客、论坛发布详细的"跳岛游"攻略、体验文章，吸引用户关注。制作"跳岛游"的纪录片或短视频，通过视频平台传播，展示"跳岛游"的独特魅力。

2. 线下推广

（1）旅游展会与推介会。

参加国内外的旅游展会，设置专门的"跳岛游"展示区，通过宣传册、视频演示等方式向参展商和游客介绍产品。在长三角地区及其他重点客源地举办嵊泗"跳岛游"推介会，邀请当地旅行社、媒体和旅游爱好者参加。

（2）合作推广。

与当地的旅行社、酒店、民宿等合作，将"跳岛游"产品纳入他们的旅游套餐或推荐列表。与航空公司合作，推出"机票+跳岛游"套餐，吸引更多的外地游客。

（3）户外广告与地推活动。

在长三角地区的交通枢纽、商业中心等地投放户外广告，提升品牌知名度。在客源地的旅游集散中心、景区门口等地开展地推活动，发放宣传资料，现场解答游客问题。

（五）数据分析与效果评估

1. 数据监测

利用数据分析工具，实时监测网站流量、用户行为、预订转化率等关键指标。

2. 用户反馈

通过在线调查、用户评价等方式收集用户反馈，了解用户需求和痛点，及时调整推广策略。

3. 效果评估

定期评估推广活动的效果，根据数据反馈优化推广方案。

（六）预算与时间规划

1. 预算分配

线上推广：60%（社交媒体营销、搜索引擎营销、内容营销等）。

线下推广：30%（旅游展会、合作推广、户外广告等）。

其他费用：10%（市场调研、活动策划等）。

2. 时间规划

第一阶段（1—3个月）：重点进行线上推广，提升品牌知名度，同时开展线下旅游展会和推介会等。

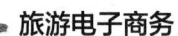

第二阶段（4—6个月）：加强与合作伙伴的推广力度，优化用户体验，提高用户满意度。

第三阶段（7—12个月）：根据市场反馈调整推广策略，拓展全国市场，进一步提升品牌影响力。

通过以上推广方案，嵊泗"跳岛游"旅游产品能更好地吸引目标受众，提升其市场竞争力，实现可持续发展。

（资料来源：根据网络资料整理）

思考：说说旅游电子商务推广方案主要包括哪些内容。

二、理论知识

旅游电子商务推广方案是旅游企业提升知名度、吸引用户并增加市场份额的重要工具。一个旅游电子商务推广方案通常包括产品概述、推广目标、目标受众、推广策略、数据分析与效果评估、预算与时间规划等内容。

知识点1 旅游电子商务产品概述

旅游电子商务产品概述旨在让推广团队、合作伙伴和潜在客户快速了解产品的基本特征和价值，为后续的推广策略制定提供基础信息。

旅游电子商务产品概述是对旅游产品和服务的全面总结，通常包括产品名称、产品内容、产品特色和产品优势等方面。产品名称是明确产品的名称或品牌；产品内容是描述旅游产品的具体服务或体验，包括行程安排、景点、活动、住宿、餐饮等；产品特色是突出产品的独特卖点，如独特的地理位置、文化体验、服务优势等；产品优势是强调产品相比竞争对手的优势，如性价比、服务质量、安全保障等。下面以某地灯会为例进行电子商务产品概述介绍。

1. 产品名称

某地灯会，它是某旅游企业在春节期间举办的一场大型灯会活动，以"影视+文化+民俗"为主题，融合了传统花灯、影视场景、互动体验等多种元素。通过电子商务平台，游客可以在线预订门票、了解活动详情，并享受便捷的预订服务。灯会期间，景区将延长开放时间，提供丰富的夜游体验。

2. 产品内容

某地灯会是一场融合了传统文化与影视IP的沉浸式灯会活动，游客可以在主会场和分会场体验多样化的灯会主题和互动活动。

（1）主会场。

主题灯组：重现大宋盛景，如"灵蛇渡缘 水岸情深""慧光莲台·缘聚世间"等。

沉浸式体验：游客可以参与水上婚礼秀、宋代古风集市等活动，感受宋朝的繁华。

夜游模式：首次推出夜游模式，重现宋代不夜城的盛况。

（2）分会场。

主题灯组：以"萌宠奇幻"为主题，融合《山海经》元素，打造山海奇幻夜。

互动活动：游客可以参与民俗绝技表演、天灯祈福等活动，感受传统文化的魅力。

3. 产品特色

影视IP深度开发：将热门影视作品中的经典场景和元素融入灯会布置，如《梦华录》

《清平乐》等。

沉浸式体验：通过 NPC（非玩家角色）互动、场景还原等方式，让游客仿佛置身于剧中世界。

传统文化与现代娱乐相结合：融合传统文化与现代娱乐，提供丰富的互动体验，如点茶、刺绣等。

夜游模式：推出夜游模式，重现宋代不夜城的盛况，提升游客的夜间体验感受。

4. 产品优势

场景丰富：两类会场各有特色，提供多样化的灯会体验。

互动性强：通过 NPC 互动和沉浸式演艺，增强游客的参与感。

文化内涵：融合传统文化与影视 IP，提升文化体验的深度和趣味性。

视觉盛宴：精美的灯组和光影秀，为游客提供绝佳的拍照打卡点。

通过以上产品概述，可以清晰地展示灯会的独特魅力和价值，为后续的推广策略提供基础信息。

知识点 2　推广目标

推广目标是指旅游企业通过一系列营销活动，期望在特定时间内实现的具体成果。它通常包括品牌知名度提升、用户增长与转化、市场占有率提升、客户满意度与忠诚度提升和经济效益提升等。

（1）品牌知名度提升。通过各种渠道的宣传推广，提高旅游产品和服务的知名度和曝光率。

（2）用户增长与转化。吸引更多的潜在客户，提升用户的预订量和转化率。

（3）市场占有率提升。在目标市场中扩大市场份额，提升品牌影响力。

（4）客户满意度与忠诚度提升。通过优质的服务和体验，提高客户的满意度和忠诚度。

（5）经济效益提升。通过有效的推广活动，实现旅游产品的销售额增长。

以某地灯会为例，推广目标可以具化为以下几点。

一是品牌知名度提升。在推广活动启动后的 1 个月内，通过社交媒体、搜索引擎优化、网络红人合作等多种渠道，提升某地灯会在长三角地区的知名度，使品牌曝光率提升 50%。通过与旅游平台合作、举办线下推介会等方式，将品牌推广至全国其他重点客源地。

二是用户增长与转化。在推广活动启动后的 1 个月内，吸引更多的潜在客户预订该地灯会旅游产品，使预订量增长 30%。通过优化预订流程、提供个性化推荐等方式，提升用户的预订体验，将预订转化率提升至 15%。

三是市场占有率提升。在 1 个月内，通过精准的市场定位和差异化的营销策略，将某地灯会打造为国内知名的影视旅游品牌，扩大其在长三角地区的市场份额。通过与周边旅游目的地合作，形成旅游联盟，共同推广，提升其在区域旅游市场的占有率。

四是客户满意度与忠诚度提升。通过提供高质量的旅游体验和服务，如专业的导游团队、贴心的客户支持等，提升客户的满意度至 90% 以上。通过会员系统、积分系统等客户关系管理工具，增强客户的忠诚度，提高客户的重复购买率。

五是经济效益提升。在推广活动启动后的 2 个月内，通过有效的推广策略和优化运营，实现某地灯会的销售额增长 50%。通过与供应商合作，优化成本结构，提升利润空间。

通过明确的推广目标，可以为某地灯会的推广活动提供清晰的方向和可衡量的指标。这有助于优化推广策略，合理分配资源，提升推广效果，最终实现品牌知名度提升、用户增长与转化、市场占有率提升、客户满意度与忠诚度提升以及经济效益提升等目标。

知识点3　目标受众

目标受众是指旅游产品和服务的主要潜在客户群体，他们的特征、需求和偏好等直接影响推广策略的制定和实施。明确目标受众有助于精准定位市场，优化推广资源，提升推广效果。以某地灯会为例，可以针对游客不同的年龄和兴趣爱好等进行描述。

年轻游客：喜欢新鲜事物，追求个性化旅游体验，对灯会的互动性和趣味性感兴趣，喜欢通过社交媒体进行分享。

中老年游客：对传统文化和民俗活动有浓厚兴趣，喜欢宁静和有文化底蕴的旅游体验。

家庭游客：适合全家出游，体验传统节日氛围，参与亲子互动活动，注重亲子互动和教育意义，适合带孩子体验传统文化。

影视爱好者：喜欢热门影视作品，希望亲身参与剧中场景。

传统文化爱好者：对传统文化和民俗表演感兴趣的游客。

知识点4　推广策略

推广策略是指为实现旅游产品和服务的推广目标所采取的一系列营销手段和方法。它通常包括线上推广、线下推广，以及"线上+线下"推广。

针对不同类型游客采取不同的策略。以某地灯会为例，针对不同的年龄和兴趣爱好等采取不同策略。

1. 针对年轻游客

针对年轻游客采用的推广策略是通过社交媒体互动、线上活动与优惠的线上推广策略，以及与高校合作、线下活动体验的线下推广策略。

（1）社交媒体互动。

利用抖音、小红书、微博等平台发布短视频和图文内容，展示灯会的精彩瞬间、互动体验和网络红人打卡点。发起话题挑战，如"#某地灯会最美瞬间#"，鼓励用户分享自己的体验，形成传播裂变效应。与旅游博主和网络红人合作，邀请旅游领域的网络红人和意见领袖体验灯会，并通过他们的社交媒体账号进行分享和推荐，吸引更多年轻游客关注。

（2）线上活动与优惠。

推出线上抽奖、限时折扣、团购优惠等活动，激发年轻游客的购买欲望。通过微信公众号、小程序等渠道，提供便捷的预订服务和个性化推荐。

（3）与高校合作。

在周边高校举办宣传活动，设置灯会主题展板、互动体验区，吸引学生群体参与。与高校社团合作，组织学生参观灯会，提供学生票优惠。

（4）线下活动体验。

在城市中心广场、购物中心等人流量大的地方举办小型灯会体验活动，展示特色灯组和互动项目。与线下旅行社合作，推出针对年轻游客的特色旅游套餐。

2. 针对中老年游客

针对中老年游客采用的推广策略是通过传统媒体宣传、旅行社合作、口碑传播，突出灯会的文化内涵和历史价值。

（1）传统媒体宣传。

利用电视、报纸、杂志等传统媒体进行宣传推广，增加正面曝光率。中老年游客更倾向于通过传统媒体获取信息，因此通过新闻报道、旅游专题等方式可以有效吸引他们的关注。

（2）旅行社合作。

与各地旅行社合作，将某地灯会纳入旅游线路产品，提供团队票优惠。

（3）口碑传播。

鼓励游客在社交媒体上分享自己的游玩经历和照片，形成口碑传播。中老年游客更注重口碑和推荐，通过游客的真实体验分享可以有效吸引他们的关注。

3. 针对家庭游客

针对家庭游客主要采用线上推广策略。线上推广具体采用社交媒体营销、搜索引擎优化、与旅游电商平台合作和线上直播等方式。

（1）社交媒体营销。

利用微信、微博、抖音、小红书等国内热门社交媒体平台，针对家庭游客发布灯会的精彩内容。制作并发布灯会的短视频、高清图片、亲子互动场景等，展示灯会的亮点，如大型主题灯组、宋代市井图景、影视场景再现等。举办线上互动活动，如灯会摄影比赛、亲子灯谜挑战等，鼓励家庭游客参与并分享到自己的社交圈，扩大活动影响力。

（2）搜索引擎优化。

在旅游网站、官方平台等进行关键词优化，如"某某灯会家庭游""亲子灯会活动"等，提高其在搜索引擎中的排名。

（3）与旅游电商平台合作。

① 产品上架与推广。在携程、去哪儿、飞猪等主流旅游电商平台上线灯会的家庭套票、亲子套餐等产品，并通过平台的推荐位、专题页面等方式进行推广。

② 用户评价与口碑营销。鼓励已购票的家庭游客在平台上分享评价和游记，通过良好的口碑吸引更多潜在家庭游客。

（4）线上直播。

在灯会期间，通过抖音、快手等平台进行直播，带领观众"云游"灯会，实时介绍灯会的精彩内容，并设置线上互动环节，如抽奖、问答等，吸引家庭游客关注。

4. 针对影视爱好者

针对影视爱好者采用的推广策略是结合影视 IP 进行宣传，推出与影视作品相关的主题活动和套餐。

（1）影视 IP 体验。结合热门影视作品中的经典场景和元素，打造沉浸式的影视 IP 体验项目。例如，推出与《清明上河图》相关的主题活动，让游客可以亲身参与剧中场景。

（2）主题活动。根据影视作品的热度和季节，策划相关的主题活动，如影视角色扮演、影视场景还原等。

（3）合作推广。与影视制作公司、视频平台等合作，通过影视宣传渠道推广灯会，吸引更多影视爱好者。

5. 针对传统文化爱好者

针对传统文化爱好者采用文化深度展示等活动作为推广策略，以吸引此类游客。

（1）文化深度展示。通过灯会展示丰富的传统文化元素，如传统手工艺、民俗表演、历史文化讲座等。

（2）体验式活动。设计一些体验式的文化活动，如传统手工艺制作、传统服饰体验等，让游客可以亲身感受传统文化的魅力。

（3）文化主题线路。推出以传统文化为主题的设计线路，如"民俗文化之旅""历史古迹之旅"等，满足传统文化爱好者的深度体验需求。

通过以上针对不同游客类型的推广策略，可以有效提升某地灯会的市场竞争力和吸引力，实现推广目标。

知识点5 数据分析与效果评估

1. 分析流量数据

观察并分析网站后台、在线旅游平台、社交媒体平台等的访问量、页面浏览量、停留时间等指标，了解某地灯会推广活动对流量的带动效果。

2. 效果评估

（1）曝光量。统计各渠道的广告曝光量、社交媒体话题阅读量等，评估某地灯会品牌知名度的提升情况。

（2）转化率。计算访问量到预订量的转化率，分析不同推广渠道的效果。

（3）用户反馈。通过在线调查、现场问卷等方式收集游客对某地灯会的满意度评价，以及建议和投诉信息，通过用户反馈了解产品和服务的优缺点，为后续优化提供依据。

3. 优化调整

根据数据分析和效果评估，及时调整推广策略和产品内容。对效果好的渠道加大投入，对效果不佳的渠道进行优化或调整。

知识点6 预算与时间规划

1. 预算

针对某地灯会做一个费用预算，如表5.1所示。

表5.1 某地灯会费用预算

项目	预算金额/万元	备注
社交媒体广告投放	9.8	
搜索引擎优化	5.2	
电子邮件营销	2.1	
在线旅游平台合作佣金	10.3	
旅行社合作返点	15.3	
户外广告投放	5.6	
活动宣传册制作与发放	3.2	
数据分析与调研	2.6	

续表

项目	预算金额/万元	备注
其他	1.7	
总计	55.8	

注：项目内容不限于表内的项目内容，根据实际预算可增减调整；预算金额不是实际花费金额。

2. 时间规划

时间规划可分为四个阶段，具体如下。

第一阶段推广方案制定（第1—10天），完成某地灯会推广方案制定，与各合作方沟通协调，开始社交媒体预热。

第二阶段线上和线下推广（第11—60天），重点进行线上推广，同时开展线下旅游展会和推介会等，增加产品销量，提升品牌知名度。

第三阶段推广效果（第11—60天），从推广开始算起，实时监控数据，根据市场反馈调整推广策略，确保活动顺利进行。

第四阶段复盘（第61天），总结成功经验并汲取教训，为下一次活动做准备。

三、任务训练

实训　谈谈短视频推广

【实训目的】

回顾旅游电子商务推广方案，依托横店及其周围城市旅游资源，打造"浙东南串线产品"，以"横店+"的旅游串线产品展开推广。结合周边景区如台州市神仙居景区，请各小组以"'浙'里'横'美，神仙'聚'荟"为题目，撰写旅游电子商务推广方案。

【实训步骤】

（1）4～6人为一组，全班同学分成若干小组；

（2）以小组为单位，收集资料，分析推广目标等内容；

（3）以小组为单位，头脑风暴，讨论该方案的内容；

（4）以小组为单位，撰写一篇完整的推广方案；

（5）以小组为单位，修改推广方案；

（6）每组选派代表上台做交流发言。

【实训要求】

在实训步骤（5）中，要求推广方案内容完整；在实训步骤（6）中，小组代表总结发言时，应对小组活动情况做真实概括，具有较强的总结性。

【实训评价】

评价指标	自我评价	小组评价	教师评价
参与度			
准确度			
完整性			
成效性			

四、课外拓展

（一）拓展阅读

从《哪吒 2》爆火，看文旅行业借势营销新玩法

2025 年春节档电影《哪吒之魔童闹海》（以下简称《哪吒 2》）票房一路狂飙，成为中国影史首部票房破百亿的电影。随着"小哪吒"的火爆出圈，"跟着吒儿去旅游"也顺势成为热门出游趋势，与哪吒相关的文旅景点热度飙升，电影衍生品更是"一吒难求"。这波泼天的流量，为文旅行业带来了新的发展机遇，那么文旅行业该如何巧妙结合《哪吒 2》进行营销呢？

1. 打造主题旅游线路

各地可根据自身与哪吒文化的关联，打造特色主题旅游线路。比如，四川宜宾翠屏山景区的"哪吒行宫"在电影热映后游客量激增，当地便可以此为核心，串联周边同样具有神话色彩或文化底蕴的景点，如蜀南竹海、兴文石海等，设计一条"哪吒文化探秘之旅"线路。在行程中，安排专业导游讲述哪吒传说及当地与哪吒文化的渊源，让游客深度感受哪吒文化的魅力。再如天津河西区推出的哪吒主题游线路，整合区域内与哪吒相关的历史遗迹、文化场馆等资源，使游客能够一站式体验哪吒文化。通过主题旅游线路，将分散的景点有机结合，延长游客停留时间，增加旅游消费。

2. 开发特色文旅产品

（1）文创产品。

从《哪吒 2》中提取经典元素，如哪吒的形象、武器、片中出现的场景等，开发一系列文创产品。像上海电影博物馆和上海美术电影制片厂展区凭借与哪吒相关的原画稿、场景渲染图等吸引大量游客，周边文创产品也备受青睐。各地文旅景点可效仿推出哪吒主题的明信片、书签、手办、文具等，满足游客的收藏和纪念需求。此外，还能与当地特色工艺相结合，例如景德镇的陶瓷、苏州的刺绣等，制作具有地域特色的哪吒文创，提升产品的独特性和文化价值。

（2）特色美食。

推出与哪吒相关的特色美食，从视觉和味觉上吸引游客。比如设计哪吒造型的糕点，将食物制作成乾坤圈、混天绫的形状，或者以"哪吒闹海"为主题，打造海鲜套餐，取名"闹海盛宴"等。在景区餐厅、小吃街售卖这些特色美食，既能为游客提供独特的用餐体验，又能借助美食传播哪吒文化。

（3）住宿体验。

酒店、民宿可以打造哪吒主题房间，从房间的装饰布置到床上用品、洗漱用品等，都融入哪吒元素。房间内张贴哪吒海报、摆放哪吒手办，提供与哪吒相关的书籍供客人阅读。还可以设计一些互动环节，如入住时赠送哪吒主题的小礼物、举办哪吒知识问答活动，答对可获得优惠券或小礼品，提升客人的参与感和入住体验。

3. 举办主题活动

（1）主题节庆。

举办"哪吒文化节"之类的主题活动，活动期间设置丰富多样的内容和形式。有哪吒

主题的文艺表演,如舞台剧、杂技、舞蹈等,通过精彩的演出展现哪吒的故事和精神;开展民俗体验活动,如制作哪吒面具、绘制哪吒主题糖画等,让游客亲身感受传统文化的魅力;举办创意比赛,如哪吒主题摄影大赛、绘画大赛、文创设计大赛等,激发游客的创作热情,提高活动的参与度和传播度。

(2)互动体验。

利用科技手段,打造沉浸式互动体验项目。比如江西某景区开发的"元宇宙陈塘关",游客可以通过数字分身沉浸式参与神话剧情。文旅场所可以搭建虚拟现实(VR)、增强现实(AR)体验区,让游客仿佛身于哪吒的世界,与片中角色互动,参与哪吒闹海等经典场景。还能设置真人角色扮演(RPG)游戏,游客扮演哪吒、敖丙等角色,完成各种任务,深度体验剧情。

4. 加强线上宣传推广

(1)社交媒体营销。

借助微博、微信、抖音、小红书等热门社交媒体平台,发布与哪吒和本地文旅资源相结合的内容。制作精美的短视频,展示当地与哪吒相关的景点、特色文旅产品和主题活动,利用话题营销,如"#跟着哪吒去旅游#""#哪吒文化探秘#"等热门话题,吸引用户关注和讨论。与旅游博主、达人合作,邀请他们体验当地的哪吒主题文旅项目,并发布体验分享,借助他们的影响力扩大宣传范围。

(2)线上互动活动。

在网络平台开展线上互动活动,如线上抽奖,将奖品设置为当地的文旅产品、景区门票、主题酒店住宿券等;举办线上知识问答,题目围绕哪吒文化和当地文旅知识,参与者有机会获得奖励。通过这些互动活动,吸引用户参与,提高品牌知名度和用户黏性。

5. 跨界合作与联动

(1)与影视行业合作。

与电影制作方、发行方合作,争取更多的宣传资源和授权。例如,在景区内设置电影宣传展板、海报,播放电影宣传片;联合举办电影首映礼、粉丝见面会等活动,吸引粉丝前来,为景区带来人气。

(2)与其他品牌合作。

与动漫、游戏、玩具、服装等品牌跨界合作,推出联名产品或活动。比如,与知名动漫品牌合作,推出哪吒主题的动漫周边;与游戏公司合作,开发以当地文旅场景为背景的哪吒主题游戏;与服装品牌联名,推出哪吒系列服饰,在提升品牌影响力的同时,也为文旅营销注入新的活力。

(资料来源:根据网络资料整理)

(二)课后实践

以小组为单位,运用所学旅游电子商务推广方案内容知识,为知名旅游企业的旅游产品撰写推广方案。

项目自测

一、名词解释

1. 旅游电子商务推广
2. 微博推广
3. 短视频推广
4. 直播推广

二、简答题

1. 简述旅游电子商务推广的特征。
2. 简述旅游电子商务推广的作用。
3. 简述旅游电子商务推广的方式。
4. 简述旅游电子商务推广方案的内容。